인문학
을
부탁해

인문학을 부탁해

-내 인생에 모든 것이 달라지는 시간

ⓒ 박영규, 2016

초판 1쇄 인쇄 | 2016년 3월 25일
초판 1쇄 발행 | 2016년 4월 1일

지은이 박영규
책임편집 손성실
편집 조성우
마케팅 이동준
디자인 권월화
용지 월드페이퍼
제작 ㈜상지사P&B
펴낸곳 생각비행
등록일 2010년 3월 29일 | 등록번호 제2010-000092호
주소 서울시 마포구 월드컵북로 132, 402호
전화 02) 3141-0485
팩스 02) 3141-0486
이메일 ideas0419@hanmail.net
블로그 www.ideas0419.com

ISBN 978-89-94502-75-5 03300

인문학을 부탁해

박영규 지음

생각비행

인문학이란 뭘까?
뭐라고 정의하면 좋을까?

학생들에게 이 주제를 주고 각자의 생각을
에세이로 한번 써보게 했는데
여기서 나온 답들이 매우 신선하고 인상적이다.

학생들은 인문학을

거미줄,

물,

나무,

현미경

등으로 다양하게 정의했다.

얼마나 멋진가?

인문학을 인문학답게 해석하자면
확장적, 발전적, 상상적 시각이 필요하다.

인문학의 바다로 떠나는 항해

금년 봄 학기, 나는 재직 중인 대학에서 '인문학강좌'라는 강의를 새로 개설했다. '사랑과 결혼' '일과 행복' '도전과 모험' 등 청춘들이 공통적으로 관심을 가지는 인생의 주제들에 대해 같이 고민해보고 인문학적인 관점에서 나름의 답을 찾아보고자 하는 것이 강의를 개설한 목적이었다. 에세이를 써서 발표하는 훈련을 통해 학생들의 글쓰기 능력을 높이는 부수적인 교육 효과도 염두에 두었다.

'학생들이 얼마나 많이 신청할까?' 막상 강의를 개설해서 교양 과정의 선택과목으로 올렸지만 처음에는 사실 불안한 마음이 앞섰다. 수강신청 인원이 적어 혹시 문을 열기도 전에 좌초하는 건 아닌지 걱정이 앞서기도 했다. 그러나 결과는 의외였다. 80명 정원이 순식간에 마감되었다. 처음 개설하는 교과목이라 강의에 대한 정보라곤 학사정보시스템에 올린 강의계획서가 전부인데, 이렇게 많은 학생이 몰릴 줄은 전혀 예상하지 못했다. 학생도 1학년에서 4학년까지 고르게 분포되어 있었다.

수업 시간에 '왜 수강신청을 했는지' 직접 확인해보았다. 그 결과 대부분의 학생이 그동안 드러내놓고 말은 하지 않았지만 인문학에 대해 갈증을 갖고 있었다는 사실을 알게 되었다. 인문학에 관한 사회적 수요나 트렌드를 지켜보면서 학생들은 인문학 공부의 필요성을 진지하게 고민하고 있었던 것이다.

강의 성과도 긍정적이다. 수업이 진행되면서 학생들의 생각이 부쩍 자라고 있음을 눈으로 확인할 수 있었다. 막연해하던 인문학에 대해 스스로 개념 정의를 할 수 있게 되고, 자신의 전공과 관련한 커리어 플랜에 멋지게 인문학의 옷을 입힐 수도 있게 되었다.

문제는 체계적으로 정리된 인문학 입문서가 없다는 사실이었다. 그것이 가장 아쉬웠다. 물론 이렇게 반문하는 사람도 있을 것이다. 세상의 모든 고전이 훌륭한 교재인데 인문학강좌를 하는 데 굳이 별도의 강의 교재가 필요하냐고. 틀린 이야기는 아니다. 그러나 막연하게 인문학 공부를 시작하기보다는 일정한 체계를 갖춘 입문서가 있다면 공부가 훨씬 더 효율적일 것이다.

'인문학이란 무엇인지' '왜 인문학을 공부하는지' '어떻게 인문학을 공부할 것인지' 등에 관한 안내 책자가 있으면 인문학에 관심을 가지는 일반 대중이나 학생들에게 도움을 줄 수 있다는 것이 내 생각이다. 이 책은 이러한 의도에서 집필했다. 책의 구성은 대학에서 강의한 내용에다 인문학의 기본적인 테마 몇 가지를 더 얹은 형태로 되어 있다. 인문학에 대한 명확한 학문적 정의가 정립되어 있지 않기에 글은 주관적 상상력에 의존하여 에세이 형식으로 서술했음을 미리 밝혀둔다. 다만 입문서로서 일정한 틀을 갖추기 위해 객관적으로 논증이 가능한 부분은 최대한 체계적으로 서술하고자 했다.

인문학의 출발은 절실한 물음이다. 물음이 없으면 사유의 폭을 넓힐 수도 없고, 사유에 깊이를 더할 수도 없다. 《논어》 자장 편에 나오는 절문근사切問近思, 즉 절실히 묻고 깊이 생각하는 습관이 인문학을 공부하는 왕도다. 이밖에 다른 특별한 비법은 없다.

이 습관을 몸에 익히면 인문학을 좋아하고 즐길 수 있게 된다. 1944년 노벨 물리학상을 받은 아이작 라비는 언론과의 인터뷰에서 자신이 노벨상을 수상한 원동력이 질문에 있다고 고백했다. 어린 시절 학교에서 돌아오면 라비의 어머니는 늘 "애야, 오늘 학교에서 선생님께 무슨 질문 했니?" 하고 물었다고 한다. 학교에서 무엇을 배웠는지가 궁금한 우리 학부모들과는 반대다.

고전은 이러한 절실한 물음이 탄생시킨 인문학의 보고다. 내 삶의 주인이 왜 나여야 하는지, 불의한 공동체보다는 정의로운 공동체에서 내가 더 행복할 수 있는 이유가 무엇인지, 시장은 어떠한 방식으로 사람을 '금수저'와 '흙수저'로 나누는지, 세상의 모든 물음에 대한 관찰과 모색, 기획과 전략들이 고전에 들어 있다.

　나는 내 취향에 맞는 보물 열다섯 가지를 골라 이 책에 소개했다. 주로 신화와 역사, 철학, 문학이라는 고전의 바다에서 길어 올린 보물들이다. 긴 시간 동안 전문가들이 꼼꼼하게 검증한 보물들이기 때문에 단 하나라도 짝퉁은 없다. 하지만 내 기준과 취향으로 고른 것이다. 고전이라는 보물섬에는 이보다 더 멋지고 아름다운 보물이 즐비하다. 이 책을 노로 삼아 더 넓은 인문학의 바다로 항해를 떠나기 바란다. 책에서 참고한 고전들은 국내에 출간된 번역서를 기준으로 한 것이며, 참고한 번역서 가운데 문구를 직접 인용한 텍스트 목록은 책 말미에 정리해두었다.

2016년 봄을 맞으면서
박영규

제 1 강

인문학이란 무엇인가?

통념적 의미의 인문학과 그것의 문제점 ——

통념상 인문학은 그 자체로서 독립된 학문 영역이 아니다. 문학과 역사, 철학, 종교학, 언어학 등 인문과학 영역의 학문을 포괄적으로 지칭하는 단어라고 여겨진다. 딱 부러지는 자기 영역이 없기에 사람에 따라 개념을 정의하는 것도 구구각색이다. 음악과 미술, 연극과 영화 등 예술 분야를 인문학의 영역에 포함시켜야 하느냐, 말아야 하느냐는 소모적 논쟁이 있는 것도 그러한 개념의 모호성에서 기인한다.

　인문학을 뜻하는 영어 단어 'humanities'를 뜯어보자. 인류, 인간성을 뜻하는 'humanity'의 복수형이 인문학이다. 로마의 철학자 키케로가 가장 먼저 썼다는 '후마니타스'humanitas라는 라틴어를 영어로 옮긴 이 단어는 그 자체로서 뜻이 매우 모호하다. 인류, 인간성을 연구하는 학문이라니 도대체 그게 뭘까?

　세상에 인간과 관련되지 않은 학문도 있는가? 자연과학이라고 인간과 관련되지 않은 것이 있는가? 아니다. 넓게 보면 물리학이나 생물학, 화학, 천문학, 기후학 등도 모두 인간과 관련된 것이다. 인간들이 하는 학문이고, 인간을 위한 학문이고, 인간과의 관계 속에 존재하는 자연현상을 다루는 학문이 자연과학이다. 정치학이나 경제학, 심리학과 같은 사회과학 영역은 더욱 그렇다. 가장 이상한 것은 신학이라는 학문이다. 사전적으로 볼 때 신학은 신을 연구하는 학문이니까 인문학의 범주에서는 제외해야 한다. 그러나 신학은 인문학 중에서도 가장 기초적인 분야의 하나다. 신과 인간의 소통, 구원의 문제를 떠나서 어떻게 인문학이 성립될 수 있겠는가? 인문학에서 신을 배제한다면 톨스토이도 없고, 도스토옙스키도 없게 된다. 이것은 비극적인 자기모순이다.

　인문학은 인간의 상상력과 호기심, 지적인 자극을 통해 창의적인 인간을 키우기 위한 학문이다. 따라서 사전적 의미의 통념적 인문학은 개념이 모호할 뿐만 아니라 우리에게 주는 언어적 적실성, 페이소스도 없다. 인문학이 추구하는 가치에 가장 반하는 개념 정의, 가장 인문학답지 못한 개념 정의가 지금 통용되는 인문학에 관한 정의라고 할 수 있다.

거미줄, 물, 나무, 현미경 ——

따라서 우리는 인문학의 고유한 가치를 중심으로 개념을 다시 정의할 필요성을 느낀다. 인문학이란 뭘까? 뭐라고 정의하면 좋을까? 학생들에게 이 주제를 주고 각자의 생각을 에세이로 한번 써보게 했는데 여기서 나온 답들이 매우 신선하고 인상적이다.

학생들은 인문학을 거미줄, 물, 나무, 현미경 등으로 다양하게 정의했다. 학생들이 볼 때 인문학은 자신의 사고를 무한히 넓혀주는 학문이고, 자신을 성장시켜주는 에너지의 원천이고, 시원한 그늘을 주는 쉼터이고, 세상을 자세하게 들여다볼 수 있는 도구다. 얼마나 멋진가? 이러한 개념 규정이 사전적 정의보다 훨씬 더 인문학의 본질에 가까운 정의라는 것이 내 생각이다.

흔히 인문학은 자연과학에 대비되는 개념으로 쓰인다. 자연이 아니라 사람에 대한 학문이라는 것이다. 그러나 이것은 인문학에 대한 지극히 형식적이고 편협한 정의다. 인문학을 인문학답게 해석하자면 확장적, 발전적, 상상적 시각이 필요하다. 이러한 시각에서 인문학은 다음과 같이 다시 정의할 수 있다.

세상에 대한 물음 ──

첫째, 인문학이란 물음이다. 세상과 나에 대한 성찰적 질문이다. 어떻게 사는 것이 올바른 삶이고, 행복한 인생인지, 나의 꿈은 무엇인지, 나를 알기 위한 질문이고, 세상을 알기 위한 질문이다. 문은 그래서 글월 문文이 아니라 물을 문問이다. 인문학人文學은 인문학人問學이다. 물음은 상상력을 키우고, 꿈을 직조하고, 나를 성장시킨다. 인간이 어디로부터 왔는지, 신이란 무엇인지, 품격 있는 삶은 어떤 삶인지에 대한 물음과 성찰이 인류의 문명을 탄생시키고 발전시킨 원동력이다. 헤로도토스의 역사도, 맹자의 사상도, 뉴턴의 과학도 모두 물음에서 출발했다. '왜 어떤 나라는 흥하고, 어떤 나라는 망하는가?' '올바른 선비란 어떤 사람인가?' '사과는 왜 나무에서 떨어지는가?'라는 물음이 없었다면 역사도 철학도 과학도 탄생하지 않았을 것이다. 그래서 인문학은 문명의 토양이고, 모든 학문의 어머니다.

세상을 보는 눈 ——

둘째, 인문학이란 눈이다. 사회를 보는 눈이고, 타인을 보는 눈이다. 내가 보는 사회는 정의로울 수도 있고, 중립적일 수도 있고, 혹은 개판일 수도 있다. 맨눈으로 볼 때의 세상과 안경 낀 눈으로 볼 때의 세상은 다르다. 안경도 도수에 따라, 오목렌즈냐 볼록렌즈냐에 따라 세상은 달리 보인다. 타인을 어떤 시선으로 보느냐에 따라 그는 나의 친구가 될 수도 있고, 나의 적이 될 수도 있다. 갈등과 분쟁, 전쟁을 지양하고 자유롭고 정의롭고 평화로운 세상을 추구하는 것이 인문학의 궁극적 목표라고 말할 수 있는 이유는 인문학에 대한 이러한 개념 정의에 따른 것이다.

핀셋과 힐링 ——

셋째, 인문학은 핀셋이다. 과거에 대한 기억을 끄집어내는 핀셋이다. 핀셋에 묻어나오는 기억은 우중충한 것일 수도 있고, 행복한 것일 수도 있다. 그 기억 속에는 식민지배의 아픔과 개발독재의 상처가 있고, 멸망한 트로이에 대한 서사가 있다. 숙달된 의사가 들고 있는 핀셋은 정교하고, 정확하고, 치밀하다. 그러나 선무당이 들고 있는 핀셋은 사람 잡는 무기가 될 수도 있다. 자신이 들고 있는 핀셋이 숙달된 의사의 것일지, 선무당의 것일지는 인문고전에 대한 꾸준한 독서와 성찰, 글쓰기 훈련 등에 따라 달라진다. 핀셋에 솜을 묻히면 상처를 치료하는 도구가 된다. 그래서 인문학은 힐링이다. 상처를 잘 아물게 하고, 질병을 낫게 하고, 건강을 되돌려주는 중요한 도구다. 전쟁과 독재, 질곡, 반란의 기억을 끄집어내고, 그 원인을 진단하고, 더불어 이것들이 남긴 상혼을 치유할 수 있는 방법까지 제시하는 것이 인문학의 고유한 학문적 의무다.

연대를 위한 공감능력 ──

넷째, 인문학은 공감능력이다. 나의 말에, 나의 표정에, 나의 생각에, 나의 글에 누군가 공감해주는 것보다 더 달콤한 반응은 없다. 페이스북이나 트위터, 카톡에 올린 글이 많은 사람들의 공감(♡)을 받으면 행복하다. 공감은 사랑을 만들고, 연대를 만들고, 세상을 바꾼다. 인문학은 공감능력을 성장시켜준다. 세상에 관한 질문도, 세상을 바라보는 눈도, 기억을 끄집어내는 핀셋도 결국은 이웃과 더불어 평화롭고 행복하게 살기 위해 필요하다. 인人이라는 한자가 의미하듯이 인간은 혼자가 아니라 서로가 서로를 떠받치는 존재다. 따라서 인문학은 개인을 위한 학문이 아니라 이웃과 공감하고 세상과 연대하기 위한 사회적 학문이다.

통념을 넘어 통섭으로 ——

문사철로 불리는 문학, 역사, 철학이 전통적인 인문학의 범주다. 그러나 이것은 좁은 의미의 인문학이다. 진정한 인문학적 사고를 위해서는 통념을 넘어서는 시각이 필요하다. 넓게 보면 세상의 모든 학문이 인문학이다. 예술, 사회과학, 자연과학의 영역도 인문학의 프리즘으로 들여다볼 수 있다.

톨스토이의 소설 《안나 카레니나》가 영화로 만들어지고, 빅토르 위고의 《레미제라블》이 영화와 뮤지컬로 만들어지듯이 인문학과 예술은 다양한 방식으로 섞인다. 밀란 쿤데라의 《농담》에는 체코의 민속음악 악보가 버젓이 실려 있고, 무라카미 하루키의 《상실의 시대》에는 오십 곡이 넘는 음악 작품이 라이트모티브로 등장한다. 케테 콜비츠의 미술 작품 한 점에는 철학과 역사책 열 권의 무게를 능가하는 인문학적 깊이가 담겨 있다. 인간의 삶을 행복하게 하고 철학적으로 깊이 사유하게 하는 각양의 작품들은 그 표현양식이 문학이든, 예술이든 상관없이 인문학이 추구하는 가치에 부합한다. 그래서 예술을 인문학과 분리하려 하는 것은 무의미하고 무익한 시도다.

자연과학도 같은 맥락으로 이해하면 인문학과 완전히 동떨어진 학문이 아님을 알 수 있다. 찰스 다윈의 《종의 기원》을 예로 들어보자. 핀치라는 새의 부리가 환경에 적응하는 과정을 지질학적, 환경적, 과학적 시각으로 살피면 《종의 기원》은 자연과학의 영역에

머문다. 그렇지만 세상과 인간의 기원, 생성, 발달이라는 측면에서 접근하면 《종의 기원》은 인문학의 영역으로 들어온다. 사실 고대 그리스 로마 시대부터 서양의 학문은 인문학과 자연과학이 분리되어 있지 않았다. 신화와 인간의 역사가 혼재되어 있듯이 학문의 경계는 없었다. 탈레스는 수학자이면서 철학자였고, 아리스토텔레스는 철학과 자연과학, 사회과학을 함께 연구했다. 서구의 이러한 학문적 전통은 중세와 근대, 현대에도 이어지고 있다. 스피노자는 과학자이면서 철학자였고, 버트런드 러셀은 수학자이기도 하고 철학자, 사회학자, 정치학자이기도 했다.

동양에서는 인문학을 자연과학이나 사회과학과 분리된 학문으로 인식한다. 이것은 유교의 영향이다. 공자는 인문학을 개인과 사회의 규범적 체계로 인식하면서 철저하게 자연과학이나 사회과학과 분리했다. 천문, 지리, 경제와 같이 자연과학과 사회과학의 영역에 속하는 학문들은 천한 학문으로 여겼다. 동양의 대표적 인문고전인 사서오경四書五經을 비롯해서 노자, 장자, 묵자 등의 기타 제자백가는 자연과학과 사회과학이 배제된 순수한 인문학으로 구성되어 있다. 물론 다른 시각이 없었던 것은 아니다. 춘추전국시대 제나라의 재상을 지낸 관자는 공자나 맹자와는 달리 인문학과 자연과학, 사회과학을 통합적 시각으로 바라보았다. 만일 중국에서 유교가 아니라 《관자管子》와 같은 경세적 학문이 국가를 통치하는 주도적 이데올로기로 채택되었더라면 동양의 인문학도 서양의 그것처럼 범주와 내용이 훨씬 더 다양해지고 풍부해졌을 것이다.

자연과 인간은 서로 분리된 채 배타적으로 존재하는 대상이 아니라 상호 소통하면서 존재하는 유기체다. 사회와 인간, 예술과 인간의 존재양식도 마찬가지다. 따라서 인간과 그를 둘러싼 외부 환경은 통섭적 시각으로 인식할 때 그 본질을 훨씬 더 잘 파악할 수 있다. 통념이 아니라 통섭적 접근이 인문학의 가치를 더 잘 구현할 수 있는 방법론적 접근이다. 통념은 인문학 발전의 걸림돌이나, 통섭은 궁극적으로 인문학이 지향해야 하는 방법론적 목표다.

인문학다운 가치란 ——

모든 학문이 그렇듯이 인문학은 고대 그리스 로마에서 태동했다. 그러나 본격적으로 인문학이 흥기한 것은 르네상스 시대라고 말할 수 있다. 르네상스를 대표하는 인문학자인 에라스무스와 토머스 모어, 그리고 세르반테스의 작품을 보면 인문학이 추구하는 고유한 가치를 한눈에 볼 수 있다. 이들이 추구했던 인문학적 가치는 '정의롭고 이상적인 사회를 건설하기 위한 비판적이고 자유로운 지성의 함양'으로 요약할 수 있다. 인문학이란 현실에 순응하기 위한 학문이 아니라 현실을 비판하고 극복하기 위한 대안을 모색하는 학문이며, 그 힘의 원천은 자유로운 지성에서 나온다.

《우신예찬》과 비판정신 ——

우선 에라스무스의 《우신예찬》에 담긴 인문학적 페이소스부터 살펴보자. 에라스무스는 《우신예찬》에서 중세적 질서와 종교적 허위의식을 가감 없이 비판하고 폭로한다. 비판과 폭로는 모리아라는 여신女神의 이름으로 행해지고 반대편 구질서의 인물로 대표되는 사람은 점잖음을 가장한 지식인들이나 고위관료들이다.

지식인 가운데 수사학자들에 대한 에라스무스의 비판은 매우 독하고 신랄하다. 에라스무스는 소피스트들을 비판한 소크라테스의 페이소스를 그대로 재현하고 있다. "그들은 두 개의 혀를 사용하며 스스로를 신이라 칭하는 거머리 같은 존재들이다. 그들은 종종 이 것저것 짜깁기한 라틴어 작품에 별것 아닌 그리스 단어 몇 개를 끼워 넣고는 대단한 것으로 생각한다. 뽑아 쓸 외국어 단어가 바닥나면 낡은 양피지로 된 고서에서 독자의 눈을 가려줄 만한 문구 네댓 개를 슬쩍 도용한다."

《우신예찬》에 등장하는 인물들 가운데는 주로 그리스 로마 시대의 학자가 많다. 그만큼 에라스무스는 그리스 로마 시대의 학문과 사상에 통달했다. 에라스무스는 인문학적 내공을 기르기 위해서는 폭넓게 독서하고 사색해야 한다는 평범한 진리를 깨우쳐준다.

《우신예찬》에서 우리가 주의 깊게 봐야 할 또 다른 대목은 인문학적 페이소스의 원천이 무엇인가 하는 점이다. 에라스무스는 판에 박힌 합리적 이성보다는 엘랑비탈(광기)의 중요성을 강조한다. 엘랑비탈은 니체나 베르그송, 미셸 푸코와 같은 서양 철학자들의 사상에서 공통적으로 엿볼 수 있는 정신적 기질이다. 에라스무스는 전통적 규범이나 가치에 안주하지 않고 새로운 질서를 창조하기 위한 자유로운 지성의 함양이 인문학의 고유한 학문적 가치임을 강조한다.

광기를 예찬하면서 에라스무스는 정치권력 집단의 허구성에 대해서도 일갈한다. 최고 권력자가 일면 학식이 풍부한 참모들을 중용하는 것 같지만 그보다는 자신의 심기를 잘 헤아리고 즐겁게 해주는 광대들을 더 좋아한다고 비판한다. 같은 맥락에서 에라스무스는 종교지도자들에게도 날카로운 비판의 칼을 들이댄다.

인문학이 추구하는 비판 정신은 단순히 시민사회의 생활 영역에만 머무르지 않고 정치적 영역, 종교적 영역에까지 확장된다. 인문학적인 비판에는 성역이 존재하지 않는다.

《유토피아》와 이상향 ——

《유토피아》를 저술한 토머스 모어는 자유지성과 양심의 상징이다. 모어는 영국 국왕을 종교의 우두머리로 인정하라는 헨리8세의 명령을 거부한 죄로 런던감옥에 갇혔다가 결국 단두대의 이슬로 사라졌다. 양심의 자유를 죽음과 맞바꾼 것이다.

《유토피아》는 자유가 살아 숨 쉬고 국민의 행복이 절대적으로 보장되는 공동체로서 인간이 추구하는 이상향이다. 《유토피아》에서는 공정한 분배가 이루어지고, 누구나 평등하게 대우받는다. 민주적 질서를 구현하기 위해 제정된 법률은 어떠한 특권이나 반칙, 편법에도 휘둘리지 않고, 국민의 행복을 위해 골고루 적용된다. 그래서 법률체계는 매우 단순하고 간단하다.

재산은 공동소유가 원칙이지만 플라톤이 말하는 이상 국가처럼 기계적인 공유가 아니라 탄력적으로 제도가 적용된다. 그리고 유토피아에서는 6시간 일하고 나머지 시간은 여가를 즐기면서 사는 쾌적하고 여유로운 삶이 보장된다. 모어는 성직자들이나 귀족들과 같이 스스로 노동하지 않고 다른 사람들에게 기생해서 살아가는 유한계급들만 사라지면 이러한 유토피아가 실현될 수 있다고 말한다. 유토피아 사람들은 한 개인이 공중의 이익을 증진시키기 위해 자신의 이익을 희생하는 것은 공경할 만한 선행이라고 생각한다. 자기 한 사람의 쾌락을 감소시켜 남들의 쾌락을 증가시키는 일은 인간다운 박애정신의 발로라고 믿기 때문이다.

토머스 모어가 그리는 정밀한 설계도대로 도시와 국가를 구성하고, 공무원들을 선출하고, 정부를 구성하고, 생산 활동과 무역이 이루어지고, 가족의 유대관계가 형성되고, 공중 복지시설이 구비되고, 함께 먹고 마시고 여행할 수 있다면 진짜 유토피아가 건설될 수도 있을 것이다.

인문학은 이러한 세상을 추구한다. 세상 어디에도 없는 'no where'로서의 유토피아가 아니라, 끊임없이 추구해서 만들어나가면 언젠가는 도달할 수 있다는 신념으로 결코 포기하지 않는 이상향, 이것이 인문학이 추구하는 사회적 가치다.

《돈키호테》와 정의의 페이소스 ——

세르반테스의 《돈키호테》는 본래의 주제가 매우 왜곡되어 전해지고 있는 대표적인 고전이다. 세르반테스가 그리고 있는 돈키호테는 남들과 다른 별종의 인간형이 아니라 정의로운 세상을 만들기 위해 끝없이 노력하는 양심적 지성인이다. 앞서 살펴본 에라스무스와 토머스 모어의 인문정신을 복합적으로 구현하고 있는 작품이 《돈키호테》다.

풍차를 향해 무작정 진격하는 돈키호테는 무모하고 저돌적인 인간이 아니라 자신의 원칙과 신념 하나만으로 세상의 인습과 권위에 도전하는 자유롭고 창의적인 인물이다. 세르반테스가 소설의 또 다른 모험담에서 드러내고자 하는 메시지도 바로 이러한 자유와 정의에 관한 페이소스다.

《돈키호테》 2권에는 어느 귀족 부부가 돈키호테를 융숭하게 대접하는 장면이 나온다. 이들 귀족 부부는 돈키호테를 초라한 몰골의 시골기사가 아니라 정식 서품을 받은 기사처럼 예우한다. 신학교에 다니는 귀족 부부의 아들은 돈키호테에게 자신의 꿈은 '위대한 인문주의자'가 되는 것이라고 말한다. 이 말은 세르반테스 자신의 고백이기도 하다. 세르반테스에게 인문학은 세상 모든 학문의 최고봉이다. 세르반테스가 《돈키호테》 2권에서 언급하고 있는 인문학이 통섭적 인문학의 전형이다. 세르반테스에게 인문학이란 '정의로운 이상 사회를 건설하기 위한 자유지성의 유쾌한 페이소스'다. 산초나 둘시네아 등의 다른 등장인물들도 이러한 인문학적인 페이소스를 강화하고, 완결하기 위한 소설적 장치들이다. 《돈키호테》의 인문학적 의의에 대해서는 책의 말미에서 다시 한 번 자세하게 살펴볼 것이다.

왜 인문학인가?

스티브 잡스와 인문학 ——

국내에서 인문학에 대한 관심이 높아진 데는 애플의 창업자 스티브 잡스의 영향이 컸다. 잡스는 2011년 신제품 발표회에서 인문학과 결합된 기술의 중요성을 강조했다. 잡스는 기술과 인문학의 결합을 결혼에 빗대어 technology married with humanities 표현했다. 기술과 인문학이 단순히 기계적으로 결합하는 데 그치지 않고 부부처럼 한 몸으로 얽혀진다는 뜻이다. 잡스가 여기서 말하는 인문학이 어떤 것인지는 명확하지 않다. 앞뒤 문맥으로 보아 짐작할 수 있는 것은 애플이 개발한 제품들이 시장에서 사랑을 받기 위해서는 인간의 몸에 딱 들어맞는 제품이 되어야 하며, 인간의 몸에 딱 들어맞는 제품을 개발하기 위해서는 인간에 대한 이해, 즉 인문학적 이해가 필수라는 의미로 받아들여진다.

인문학을 정보통신 기술에 결합한다는 생각은 당시로써는 매우 획기적이었다. 스티브 잡스의 발언 이후 삼성과 같은 국내 굴지의 기업들이 비슷한 시도를 함에 따라 국내에서는 인문학에 대한 열풍이 불기 시작했다. 음지에서 천대받던 인문학이 하루아침에 양지로 나와 대접받기 시작한 것이다.

잡스가 말하는 인문학적 기술의 핵심은 창의력이다. 아무도 생각하지 못했던 방식으로 무선전화기를 구동하고, 세상에 없었던 산뜻한 디자인으로 스마트폰을 만들기 시작하면서 애플은 창조적 기업의 대명사로 발돋움했다.

그러나 잡스 열풍이 '왜 인문학인가?'라는 우리의 질문에 모든 것을 답해주지는 않는다. 우리는 스스로에게 물어야 한다. '왜 인문학인가?' '왜 우리 사회는 인문학에 목말라 하는가?' '인문학은 과연 우리에게 무엇을 가져다줄 수 있는가?'

인문학적 상상력과 지성의 힘 ——

인류의 역사는 상상으로부터 시작되었다. 상상은 신을 만들어내고, 천지를 창조하고, 에덴동산과 올림포스를 만들었다. 아담과 하와는 상상으로 만들어진 인류의 조상이며, 제우스와 헤라, 아테네, 비너스도 상상 속에 존재하는 신들이다. 그리스 로마 신화에 등장하는 인간과 신의 소통, 갈등, 사랑 이야기는 모두 상상의 결과물이다. 에덴동산에서 선악과를 따먹고 추방되는 아담과 하와의 신화적 서사도 상상의 소산이다.

그렇다고 신화가 인간의 역사와 별개로 존재하는 것은 아니다. 인류의 역사는 신화의 연장선상에 있다. 신화는 집단적 기억의 형태로 존재하기 때문에 기억 속의 역사라는 특수성이 있을 뿐 인간의 역사와 이어져 있다. 아담의 역사와 아브라함의 역사에는 무한한 간극이 존재하지만 그렇다고 이들의 역사가 끊어져 있는 것은 아니다.

신화와 역사의 간극을 하나로 이어주는 것은 인간의 상상력이다. 물과 불, 구름, 바람과 같은 자연현상의 메타포로 존재하는 신화를 문학으로 표현해낼 수 있는 것도 인간이 상상력을 가진 동물이기 때문이다. 상상력이 고갈된 사람은 신화에 담긴 알레고리를 적절하게 읽어낼 수 없다. 지성은 상상력이 체계적으로 틀을 갖춘 것이다. 고도화된 지성은 이해력, 분별력, 판단력과 같은 보다 높은 차원의 정신적 능력을 거느리게 된다.

상상력이라는 인식 수단과 지성적 능력을 갖추고 있기 때문에 우리는 신화와 문명, 역사의 의미를 제대로 이해하고, 세상과 인간의 바람직한 모습을 분간해내고, 자원의 올바른 분배를 도모할 수 있다. 국가를 만들고, 정부를 구성하고, 통치행위를 할 수 있는 것도 인간에게 이성적, 지성적 능력이 있기 때문이다.

인문학은 상상력의 학문적 집적물이다. 인문학은 지성의 원천인 상상력을 체계적으로 저장하고, 틀을 갖추고, 꽃을 피우고, 열매를 맺게 하는 종합학문이다. 인문학은 세르반테스가 말한 것처럼 모든 학문의 최고봉이다.

스티브 잡스가 매달렸던 정보통신 기술을 비롯한 첨단 과학기술도 결국은 상상력에서 시작된 것이다. 달나라에 사는 상상적 토끼에게 도달하기 위해 인간은 우주선을 만들었으며 우주엘리베이터를 개발하고 있다. 이처럼 상상력과 지성의 힘이 뻗치는 범위는 무한히 넓다. 그리고 그 깊이는 측량할 수 없을 만큼 깊다. 그러나 이러한 상상력과 지성의 힘은 그냥 주어지지 않는다. 부단한 인문학적 훈련을 통해서 습득하는 것이다. 인문학과 상상력은 상호 교환적이고 서로에게 원인이면서 동시에 결과다.

욕망의 눈 호기심 ——

인문학적 상상력은 호기심에서 출발한다. 호기심은 관심의 다른 말이다. 자신에 대한 관심, 이웃과 세상에 대한 관심이 없으면 아무것도 시작할 수 없다. 호기심은 욕망의 눈이다. 무언가 하고 싶은 열정이 충만해야 일에 대한 의욕이 생기고, 효율도 높아진다. 그런데 외부에서 주어지는 매뉴얼대로 하면 상상력을 제대로 발휘할 수 없게 된다. 그럴 경우 지성의 성장판은 닫혀버린다.

그렇다고 욕망을 무조건 발산하는 것이 능사는 아니다. 욕망을 절제하거나 통제해야 하는 경우도 있다. 욕망을 통제하는 것은 이성이다. 이성적 능력도 인문학적 훈련으로 길러진 지성이 받쳐주지 않으면 제대로 배양되지 않는다. 일반적으로 무지한 사람보다는 똑똑한 사람이 이성적으로 사물의 체계와 인간관계의 본질을 더 잘 통찰할 수 있다.

신화에서는 뱀이 호기심의 메타포로 설정된 경우가 많다. 에덴동산에서 뱀은 하와에게 선악과를 따먹으면 죽지도 않고 하나님처럼 될 수 있다고 유혹한다. 인간의 호기심이 뱀이라는 상징으로 그려진 것이다. 메소포타미아 지역의 대표적 서사시 《길가메시》에서도 뱀은 같은 메타포로 설정되어 있다. 불로초를 구해서 집으로 돌아가던 길가메시는 뱀의 유혹에 넘어가 불로초를 잃어버린다.

숫자에서는 40이 호기심과 욕망의 알레고리로 설정된 경우가 많다. 예수는 광야에서 40일 간의 금식기도를 무사히 마친 후 하나님의 말씀을 본격적으로 선포한다. 이 기간 동안 예수는 악마로부터 각종 시험을 받는다. 악마는 먼저 예수에게 돌을 떡으로 만들어보라고 한다. 떡은 재화, 물질, 돈에 대한 인간적 욕망을 상징한다. 다음에 악마는 자신에게 절을 하면 세상의 모든 권세를 주겠다고 말한다. 악마가 말하는 권세는 세속적 권력, 정치권력에 대한 욕망을 상징한다. 세 번째, 악마는 예수가 전지전능한 하나님의 아들이라면 성전 꼭대기에서 한번 뛰어내려보라고 말한다. 성전 꼭대기에서 뛰어내리는 것은 인간의 오만함을 상징한다. 예수는 물질과 권력에 대한 호기심을 이성적으로 통제했으며, 인간적 가치보다는 신적인 가치를 앞세움으로써 오만이라는 욕망도 견뎠다. 이슬람교의 창시자 마호메트는 나이 40에 천사의 계시를 받고 포교 활동을 시작한다. 공자도 40을 불혹이라고 말한다.

《아라비안나이트》에도 40이라는 숫자가 욕망의 한계로 자주 등장한다. 하지만 메타포의 의미는 성경에 등장하는 예수의 시험과 정반대다. 한 젊은이가 우연한 기회에 보석으로 치장된 궁궐에 들어간다. 그곳에서 청년은 40명의 아리따운 처녀를 만난다. 청년은 돌아가면서 처녀들과 환락의 밤을 즐긴다. 그러던 어느 날 처녀들은 청년에게 다음과 같은 말을 남기고 궁궐을 떠난다. "우리는 모두 왕의 딸입니다. 우리는 해마다 한 번씩 아버지를 만나러 가기 위해 40일간 궁전을 비우게 됩니다. 여기 40개의 열쇠가 있어요. 이 열쇠는 40개의 방을 각각 열 수 있게 제작된 것입니다. 39개의 방은 당신 마음대로 다 열어봐도 되지만 40번째 방은 우리가 돌아오기 전에 절대 열어보면 안 됩니다." 공주들이 떠나고 청년은 하루에 하나씩 39개의 방을 열어본다. 이제 마지막 하나만 남았다. 극심한 궁금증을 이기지 못한 청년은 금단의 방을 열고 만다. 그 방에서 청년은 준마를 발견하고 올라탄다. 그때 갑자기 준마는 하늘 높이 솟구쳤다가 청년을 지상에 떨어뜨리고 사라져버린다. 청년의 행복은 한순간에 산산조각 난다. 짧은 순간의 유혹을 이기지 못한 대가다. 40은 인간이 인내할 수 있는 호기심의 한계를 가리키는 숫자다. 40에 도달하면 욕망이라는 악마와의 싸움에서 이기는 것이고, 40의 문턱에 도달하지 못하고 39라는 아홉수에 걸려 자빠지면 악마의 유혹에 굴복하는 것이 된다. 예수는 악마의 유혹을 이겼고 아라비안나이트의 한 청년은 이기지 못했다. 신이 된 인간과 인간으로 남은 인간의 차이다.

문명의 성장과 호기심 ——

호기심은 금기의 의미도 있지만 문명의 성장이라는 또 다른 상징을 갖고 있기도 하다. 만일 하와가 선악과를 따먹지 않았다면 인간의 독자적인 문명은 탄생하지 않았을 것이다. 선악과를 따먹은 후 에덴동산에서 추방됨으로써 인류의 독자적 문명은 시작되었다.

40이라는 숫자가 욕망과 호기심의 한계로 설정된 것을 거꾸로 뒤집어보면 젊음의 특권이라는 선물을 발견할 수 있다. 불혹의 나이에 이르기 전까지는 조금 실수해도 상관없다는 뜻이 되기 때문이다. 젊은 시절 호기심이 충만해서 일시적으로 탈선한다고 해서 그다지 큰 죄악이 되는 것은 아니다. 호기심을 가지고 욕망의 문턱에서 머뭇거리는 것보다는 금기를 스스로 파괴하는 열정이 더 중요하다. 그것이 인문학적인 페이소스다.

도둑질도 잘 하면 무용담이 될 수 있다. 남의 물건이 아니라 미지의 세계에 감추어진 보물을 스스로 찾아내서 훔치는 행위는 용서받을 뿐만 아니라 영웅으로 칭송된다. 톰 소여가 동굴에서 도둑들이 감춰놓은 보물을 찾아서 가져가는 것은 절도가 아니다. 그것은 젊음의 열정과 호기심이 획득한 정당한 보상이다. 톰 소여는 동네에서 영웅 대접을 받는다.

꿈을 꾸는 것과 꿈을 이루는 것 ——

인간이 관습의 통제를 받지 않고 자유롭게 사유할 수 있는 것은 상상 속에서다. 상상 속에서는 아무도 나의 자유를 속박하지 않는다. 하늘을 나는 것도, 바다를 건너는 것도 모두 내 마음이다. 상상은 꿈이고, 이상이고, 자유고, 희망이다. 그러나 꿈을 꾸는 것과 꿈을 성취하는 것은 다른 문제다. 로또 1등에 당첨되는 꿈을 꾸는 것은 자유지만, 실제로 당첨되는 확률은 800만 분의 1에 불과하다. 매주 한 장씩 로또를 사는 사람이 로또에 당첨되기 위해서는 수천 번의 인생을 살아야 한다. 그러나 인생은 단 한 번뿐이다. 로또에 당첨되는 꿈을 꾸기보다는 인생의 로또를 꿈꾸는 편이 훨씬 더 현실적이다.

잠을 자는 사람은 꿈을 꾸지만 깨어 있는 사람은 꿈을 이룬다고 했다. 인문학은 정신의 각성제다. 인문학은 상상력으로 꿈을 만들어주고, 지성의 힘으로 꿈을 이루어준다. 상상은 생각이 되고, 아이디어가 되고, 철학이 된다. 꿈과 생각, 아이디어, 철학이 모여 만들어 내는 집합적 결과물이 문명이다. 달나라는 과학 이전에 토끼와 계수나무가 등장하는 동화로서 먼저 존재했고, 우주선은 이러한 동화적 상상력이 현실 세계에서 실제로 나타난 것이다.

Think different ——

Think different. 인문학은 남들과 다르게 생각하는 능력을 키워준다. 그러나 틀을 깬다는 것은 쉬운 일이 아니다. 거기에는 반드시 고통이 따른다. 남들과 다르게 생각하다 보면 남들로부터 미친 사람 취급을 받기도 하고, 따돌림을 당하기도 한다. 사고를 치기도 하고, 재산상의 손실을 입기도 한다. 그러나 그러한 실패를 두려워하지 말아야 한다.

라이트 형제는 인간은 날개가 없기 때문에 새처럼 공중을 날 수 없다는 고정관념을 깨고 비행기라는 기구를 만들어서 인간이 하늘을 나는 꿈을 실현했다. 라이트 형제는 1200번의 실패 끝에 비행기를 만드는 데 성공했다. 그들이 처음으로 띄운 비행기가 하늘을 난 시간은 12초, 비행기가 날아간 거리는 36미터에 불과했다. 지금은 어떤가? 음속을 돌파하는 비행기가 나오고, 비행물체는 우주까지도 날아간다. 이들의 시작도 자그마한 호기심이었다. 어린 시절 그들은 장난감 비행기에 호기심을 가지고 매일 그걸 가지고 놀았다. 손으로 요모조모 만져보고 뒤집어보기도 하면서 하늘을 나는 비행기를 상상했다. 들판에 나가서 놀 때도 그들은 잠자리를 보면서 자신들이 하늘을 나는 모습을 상상했다.

그러나 호기심과 관찰력만으로 그들이 비행기를 고안할 수 있었던 것은 아니다. 그들은 꾸준히 책을 읽었다. 과학 서적뿐만 아니라 인문학 서적도 폭넓게 읽었다. 방대한 독서를 통해 상상력을 아이디어로 발전시켰다. 그 아이디어가 쌓이고 쌓여서 지식과 정보, 기술이 되었다. 라이트 형제는 그걸 활용해서 자신들만의 이론을 정립했으며, 이론에 근거해서 비행물체를 설계하고 제작했다. 그리고 바닷가로 나가서 날리는 일을 반복했다. 라이트 형제가 남들처럼 잠자리를 곤충으로만 생각했다면 비행기를 만들지 못했을 것이다. 힘들다고 중간에 포기했으면 비행에 성공하지 못했을 것이다. 호기심으로 사물을 관찰하고, 남들과 다르게 생각하고, 실험정신으로 끝없이 도전한 결과 라이트 형제는 자신들의 꿈을 이루었다. 인문학은 상상에 날개를 달아준다. 상상의 날개는 꿈을 키워주고, 그 꿈을 마침내 이루어준다.

인문학은 어떻게
공부해야 하나?

인문학 공부, 어렵지 않다 ——

우리 사회에서 인문학에 대한 관심은 반짝하고 지나가는 사회적 신드롬의 차원을 이미 넘어섰다. 인문학적 상상력과 창의적 사고능력을 갖춘 인재를 요구하는 것이 이제는 하나의 트렌드로 자리 잡아가고 있다. 이러한 추세는 비단 사적영역에만 국한되지 않는다. 요즘에는 정부나 공공기관과 같은 공적영역에서도 인문학적 소양을 갖춘 인재를 선호한다.

인문학에 대한 수요는 늘고 있지만 막상 기업과 사회가 요구하는 인문학적 소양을 제대로 갖춘 인재를 만나는 것은 쉽지 않다. 인문학 공부가 하루아침에 뚝딱 이루어지는 것이 아니기 때문이다. 강의실에서 만나는 학생들은 대부분 인문학 공부가 어렵다고 말한다. 인문학에 관심을 가지고 공부를 하려고 해도 인문학에 대한 정의가 모호하고 그 범위가 워낙 넓다 보니 뭐부터 해야 할지 감이 잘 잡히지 않는다고 호소한다. 일반 대중의 생각도 크게 다르지 않을 것이다. 학생들이 느끼는 문제를 그들도 똑같이 느끼고 있을 것이다. 그러나 막상 알고 보면 문제는 매우 간단하다. 인문학 공부는 어렵지 않다.

인문학 공부는 고전 읽기다 ──

인문학 공부는 내용적으로 볼 때 인문고전 읽기다. 문학과 역사, 철학을 중심으로 인류의 정신문명사에 큰 족적을 남긴 인문고전을 읽으면서 사색하고, 책을 다 읽은 후에는 자신의 느낌을 글로 정리하는 것이 인문학 공부의 요체다. 이러한 과정을 반복하다 보면 인문학 공부는 진전되고, 인문학적 소양이 쌓인다.

인문학 공부가 어렵다고 하는 이야기는 따지고 보면 결국 무슨 책을 어떻게 얼마나 읽어야 할지 잘 모르겠다는 말과 그 의미가 같다. 이 문제만 나름대로 가닥이 잡히면 인문학 공부는 그렇게 어렵지 않다. 취미 삼아 인문고전을 꾸준하게 독서하는 습관을 갖추고 있는 사람이라면 굳이 인문학 공부 계획을 세우고 말고 할 것도 없다. 인문고전을 읽는 습관 그 자체가 인문학 공부이기 때문이다.

물론 책을 읽는다고 다 인문학 공부가 되는 것은 아니다. 독서의 유형에 따라 인문고전 공부와 구분되는 독서도 있다. 처세술이나 자기계발서, 재테크에 관련된 책들을 읽는 것을 두고 인문학 공부라고 할 수는 없다. 책의 향기가 다르고 사색의 깊이가 다르기 때문에 이런 경우까지 인문학 공부의 범주에 넣을 수는 없다. 독서라고 다 같은 독서가 아닌 것이다.

인문학과 연애하라 ──

인문학 공부를 위해서는 우선 인문학과 친해져야 한다. 인문학을 딱딱하게만 생각하면 인문학 공부를 제대로 할 수 없다. 이를 위해 인문학과 연애를 한다는 기분으로 인문학에 접근해보자. 커피숍에서, 공원에서, 극장에서 사랑하는 연인과 데이트를 즐기듯이 인문학을 즐기는 마음을 가져보라. 그다음에 사랑하는 사람의 눈에 빠지고, 향기에 취하듯이 인문학의 눈에 빠지고 향기에 취하라. 인문학이 즐거워지고, 재미있어질 것이다.

연애에 필요한 준비물 ──

인문학과 연애를 하는 데 필요한 준비물은 약간의 용돈과 시간, 그리고 인내심이다. 다른 건 필요 없다.

약간의 용돈은 도서관에 다닐 수 있는 교통비다. 공공도서관은 전국 어디를 가도 쉽게 찾을 수 있다. 굳이 국립도서관이 아니라도 인문학 공부에 필요한 책을 빌려볼 수 있는 도서관은 많이 있다. 서울의 경우 구별로 큰 도서관이 하나쯤은 다 있고, 여기에 더해 동마다 작은 규모의 도서관이 여럿 있다. 규모가 작다고 해서 읽을 책이 없는 것은 아니다. 인문학 공부를 시작하면서 읽을 만한 책들은 작은 도서관에도 거의 다 비치되어 있다. 이들 도서관을 이용하는 것은 어디든 무료다. 정해진 시간에 책을 반납하지 않을 경우 연체료를 받는 곳이 몇 군데 있지만 그것은 정상적인 비용이 아니기 때문에 인문학 공부에 필요한 비용의 포트폴리오에 포함되지 않는다. 밥값? 이것도 연체료와 같은 성격이다. 밥은 어차피 인문학 공부를 하지 않아도 먹어야 하니까 밥값은 연체료와 마찬가지로 인문학 공부를 위한 비용 포트폴리오에 포함되지 않는다. 학교 도서관을 이용한다면 교통비도 포트폴리오에서 제외할 수 있다. 어차피 가야하는 학교니까 교통비를 별도로 계상할 필요가 없기 때문이다. 청춘에게는 인문학과 연애를 하는 데 드는 비용이 사실상 제로다. 청춘이 공짜로 할 수 있는 연애는 이것이 유일하다.

그러나 시간은 꽤 든다. 돈이 들지 않는 대신 시간이 많이 드는게 인문학 공부의 한 가지 단점이다. 이름 있는 인문고전들은 책이 두껍다는 공통점을 가지고 있다. 오백 페이지는 기본이고, 웬만하면 천 페이지를 훌쩍 넘어간다. 이천 페이지, 삼천 페이지가 넘는 책도 상당수다. 사마천의 《사기》 같은 책은 부록에 해당하는 내용까지 다 포함할 경우 오천 페이지 가까이 된다. 하루에 백 페이지씩 읽는다고 가정하면 인문고전을 한 권 읽는 데 보통 일주일, 길게는 한 달이 넘게 걸릴 수도 있다. 물론 하루에 읽는 분량을 두 배 늘리면 시간은 그만큼 단축된다. 이것은 하기 나름이다. 처음에는 하루에 백 페이지 읽는 것도 쉽지 않지만 이력이 붙으면 하루에 삼백 페이지, 사백 페이지까지도 너끈하게 읽을 수 있다. 스마트폰에 올라오는 각종 연애기사나 웹툰 보는 시간을 줄이고 그 시간에 인문고전을 읽으면 가능하게 된다. 인문학과 연애를 하는 데는 시간이 많이 들기는 하지만 투자한 시간에 비해 그 수익은 꽤 짭짤하다. 자신의 전공에 인문학의 옷을 멋지게 입힐 경우 스티브 잡스처럼 대박을 칠 수도 있다. 얼마나 매력적인가?

인문학 공부에서 가장 중요한 준비물은 인내심이다. 책이 두껍고 읽는 데 시간이 많이 걸리다 보니 중도에 포기하고 싶은 마음이 자주 생긴다. '이걸 언제 다 읽지?' '이걸 다 읽는다고 뭐가 달라지나?' 하는 마음에 책을 건너뛸 수도 있고, 중간에 집어 던질 수도 있다. 그러나 중요한 것은 책을 띄엄띄엄 읽는다든지 중간에 포기하면 아무 소용이 없다는 사실이다. 중간중간 발췌해서 읽거나 반쯤 읽는다고 그만큼의 소득이 발생하지는 않는다. 그렇게 읽는 것은 아무 소용이 없게 된다. 쉽게 잊히기 때문이다. 그러면 오히려 시간만 낭비한 꼴이 된다.

연애의 전략과 테크닉 ——

인문학과 연애를 하는 데도 전략과 테크닉이 필요하다. 그러나 준비물이 간단하듯이 전략과 테크닉도 쉽고 단순하다. 어렵지 않기 때문에 누구나 쉽게 따라할 수 있다.

가장 기본적인 전략은 '시작이 반'이라는 전략이다. 처음 시도하는 것이 어렵지 일단 시작하고 나면 자체적인 탄력이 붙어 술술 진도가 잘 나가는 것이 인문학이다. 그 이유는 인문학에는 재미와 감동, 삶의 지혜 등 청춘에게 필요한 인생의 모든 자양분이 다 들어 있기 때문이다. 그래서 인문학은 중독성이 매우 강하다. 인문학에 빠져들면 전공과목 공부를 소홀히 할 수 있기 때문에 그 점은 조심해야 한다.

두 번째 전략은 '진지전'이다. 문학, 역사, 철학, 언어학, 인류학, 종교학 등 인문학의 다양한 분야 가운데 우선 한 분야에 푹 빠져서 그걸 자신의 진지로 만드는 전략이다. 이 방법은 특정 분야에 대한 고전을 집중적으로 읽을 수 있기 때문에 상당히 효율적이다. 예를 들어 문학이라는 진지를 구축한다고 생각해보자. 도서관의 특정한 공간에 비치된 문학책을 시리즈별로 죽 읽다 보면 인문학의 바다에 흠뻑 빠져들 수 있다. 그 후에 역사나 철학 등 다른 분야로 이동해서 또 다른 진지를 구축해나가면 인문학 공부가 재미도 있고, 효율적이 될 것이다. 이 전략은 내가 그동안 주로 써먹었던 방식이다.

세 번째 전략은 '게릴라전법'이다. 한 분야의 책을 집중적으로 섭렵하는 방식이 아니라 이것저것 닥치는 대로 책을 읽는 것이 이 전략의 특징이다. 무질서한 것처럼 보이지만 그래도 나름의 장점이 있다. 한 분야에만 매달리다 보면 인문학 공부에 지칠 수도 있고, 싫증을 느낄 수도 있는데 이 방식대로 하면 그러한 단점을 피할 수 있다. 이것저것 읽다 보면 나름의 체계와 전략이 생기고, 계획도 생긴다. 경험에서 체득하는 자신의 습관만큼 좋은 재산은 없다. 자신의 성격이 산만한 유형이면 이 방식대로 인문학에 접근해보는 것도 유용한 전략이다.

네 번째 전략은 '꼬리 물기 전략'이다. 일명 파도타기로 불리는 이 전략은 요즘 내가 애용하는 방식이다. 게릴라전법과 비슷해 보이지만 주어진 모티브를 활용해서 다음 목표로 이동하기 때문에 이것저것 닥치는 대로 읽는 게릴라전법과는 다르다. 분야와 시공간을 초월하고 신속하게 진지를 이동시킬 수 있다는 것이 이 전략의 장점이다. 무라카미 하루키는 《해변의 카프카》라는 책에서 자신도 이 방식을 즐겨 사용한다고 말한다. 콘래드의 《로드 짐》, 찰스 디킨스의 《위대한 유산》, 셀린저의 《호밀밭의 파수꾼》과 같은 책들이 최근에 내가 이 방식으로 읽은 고전이다.

다섯 번째 전략은 'ladder-swing' 전략이다. 단계를 밟아 차근차근 접근하되 서양과 동양의 고전을 번갈아가며 습득하는 방식이다. 단계를 밟는다는 의미에서 사다리식 전법이고, 공간과 시간을 번갈아 이동시킨다는 점에서 스윙 전법이다. 고대 그리스 로마 시대의 문학과 역사, 철학을 한번 훑은 후 동양으로 건너가서 제자백가의 사상과 춘추전국시대의 역사를 서양과 비교하면서 훑어보고, 그런 후 다시 서양으로 건너와서 중세의 인문고전을 살펴보고, 동양의 같은 시기로 건너가는 방식이다. 체계적으로 비교인문학을 공부하려면 이 방식이 가장 유용하다.

무슨 책을 읽을 것인가? ——

아래에서 소개하는 책은 인문학강좌의 커리큘럼을 짜면서 참고한 인문고전들인데 여러 기관에서 꼽는 '고전 100선'에 빠지지 않고 올라가는 작품들이다. 문학작품과 역사, 철학, 기타 고전들 가운데 인문학강좌에서 꼭 읽으라고 권유하는 책들을 중심으로 간단하게 정리해본다.

인문학의 네 가지 경전 ——

우선 특별한 계획이 없으면 다음 네 가지 작품부터 읽을 것을 권한다. 청춘에게 가장 어울리는 인문고전은 톨스토이의 《안나 카레니나》다. 《안나 카레니나》는 결혼과 행복의 문제를 다루고 있는 인문학 분야의 대표적인 고전이다. 스토리의 짜임새가 통속소설만큼이나 재밌고 메시지도 감동적이기 때문에 《안나 카레니나》는 인문학에 흥미를 붙일 수 있게 해주는 최적의 책이다. 그리고 인문학의 바이블이라고 할 수 있는 도스토옙스키의 《카라마조프 가의 형제들》도 문학 분야의 필독서다. 이 책은 자유의 철학적 의미와 구원의 문제를 깊이 있게 다루고 있다. 이와 함께 권하고 싶은 책은 찰스 디킨스의 《위대한 유산》과 세르반테스의 《돈키호테》다. 《위대한 유산》은 인간의 품격을 탐구하고 있는 대표적 고전이며, 《돈키호테》는 앞에서 언급했듯이 정의와 자유의 페이소스를 마음껏 즐길 수 있는 책이다. 《안나 카레니나》와 《카라마조프 가의 형제들》 《위대한 유산》 《돈키호테》 등 네 작품은 인문학의 경전이라고 할 만한 고전이다.

청춘의 도전정신과 낭만 ——

젊은 시절의 도전정신과 낭만, 자유의 가치를 깊이 있게 들여다보고 싶으면 마크 트웨인의 《톰 소여의 모험》과 《허클베리 핀의 모험》, 잭 케루악의 《길 위에서》, 셀린저의 《호밀밭의 파수꾼》과 같은 책을 세트로 묶어서 읽어보는 것이 도움이 된다. 박지원의 《열하일기》, 니코스 카잔차키스의 《그리스인 조르바》도 같은 부류의 고전이므로 함께 묶어서 읽으면 좋다.

시사성이 짙은 인문고전 ──

정치적 자유나 분배의 정의와 같은 사회적 이슈를 다루고 있는 고전으로서는 밀란 쿤데라의 《농담》과 《참을 수 없는 존재의 가벼움》, 빅토르 위고의 《레미제라블》, 이문열의 《우리들의 일그러진 영웅》을 능가하는 고전이 없다. 《농담》과 《참을 수 없는 존재의 가벼움》은 정치적 자유의 문제를 공산권 국가 출신의 작가가 자신의 체험을 바탕으로 풀어낸 명작이다. 그리고 《레미제라블》은 빵과 법률이 어떻게 사회의 정의를 구현하는지 알려주는 감동적인 인문고전이다. 프랑스 근대사를 함께 읽는 재미도 쏠쏠하다. 《우리들의 일그러진 영웅》은 이승만의 독재와 4.19라는 한국현대사의 질곡과 변혁을 통해 정치권력의 속성을 예리하게 관찰하고 있는 한국 문학의 걸작이다.

철학적 깊이가 돋보이는 고전 ──

철학적 사유의 맛을 진하게 느낄 수 있는 문학작품으로는 프란츠 카프카의 《성》과 《소송》《변신》 등을 따라올 책이 없다. 행정, 사법이라는 국가의 주요 사무영역과 시장과 시민사회에서 발생하는 소통의 단절과 현대인의 소외 문제를 이처럼 깊이 있게 통찰하고 있는 책은 찾아보기 힘들다. 알베르 카뮈의 《이방인》도 사법체계의 본질적 한계를 인간의 소외 문제와 함께 다루고 있다는 점에서 카프카와 함께 읽으면 좋은 작품이다. 카뮈가 《이방인》을 구상하면서 영감을 받았다는 제임스 케인의 《포스트맨은 벨을 두 번 울린다》도 사법질서의 철학적 의미를 들여다 볼 수 있는 좋은 고전이다.

인문학의 원류, 그리스 로마 시대 ——

그다음에는 모든 학문의 원류인 그리스 로마 시대의 고전들을 읽어볼 것을 권한다. 이들은 인문학 공부를 위해 반드시 거쳐야 하는 코스다. 호머의 《일리아드》와 《오디세이》를 비롯해서 플라톤의 《국가론》, 아리스토텔레스의 《정치학》과 《니코마코스 윤리학》, 아우렐리우스의 《명상록》 등은 꼭 읽어두어야 하는 인문학 고전이다. 모든 그리스 로마 신화의 원전에 해당하는 오비디우스의 《변신 이야기》도 깊이 있는 인문학 공부를 위한 필독서다.

역사책은 반드시 원전을 읽어라 ——

역사에 관한 기록물은 가급적이면 원전을 읽는 것이 좋다. 요약본이나 해설서를 열 권 읽는 것보다 원전 한 권을 읽는 것이 더 유익하다. 사마천의 《사기》나 헤로도토스의 《역사》, 투키디데스의 《펠로폰네소스 전쟁사》, 플루타르코스의 《플루타르크 영웅전》과 같은 역사 분야의 대표적인 인문고전은 그 분량이 워낙 방대해서 원전 자체를 독파하는 것이 쉽지는 않다. 그러나 원전이라야 작가의 진정한 체취를 느낄 수 있고, 그래야 인문학다운 인문학을 맛볼 수 있다. 쉽게 얻은 것은 쉽게 잊힌다. 그러나 고생 끝에 어렵게 얻은 것은 오래 간다. 원전을 읽지 않으면 인문학적 내공이 제대로 길러지지 않는다.

철학은 인문학의 콘크리트다 ——

가장 어려운 것은 철학이다. 철학은 반복이 최선의 길이다. 한 번 읽어서 모르면 두 번 읽고, 그래도 모르겠으면 또 다시 읽어라. 어렵다고 중간에서 철학을 포기하면 인문학 공부는 사상누각이 된다. 철학적 기반이 없는 인문학은 철근 없는 콘크리트 구조물이다. 철학의 진수를 맛보려면 동서양의 철학을 두루 섭렵하는 것이 가장 좋지만 시간적으로 무리가 따르면 시대별로 대표적 학자들의 저서를 선택적으로 읽는 것도 괜찮다.

예를 들어 서양 근대철학의 여명기를 읽을 때 데카르트의 《방법서설》과 스피노자의 《에티카》를 같이 읽는 것이 가장 좋지만 그럴 여유가 없으면 데카르트의 책 하나로 범위를 좁혀서 읽는 것도 괜찮다. 그러나 중요한 것은 끝까지 반복해서 읽어야 한다는 사실이다. 중간에서 접으면 철학적 내공은 절대 쌓이지 않는다. 반을 읽었다고 반만큼의 내공이 길러지지는 않는다.

고생을 해서 철학에 어느 정도 눈을 뜨게 되면 칸트에서 니체,

키르케고르, 하이데거, 사르트르 등을 거쳐 미셸 푸코, 들뢰즈에 이르기까지 대표적인 서양철학자의 저작도 술술 눈에 들어오기 시작할 것이다.

동양철학도 통사를 읽는 것보다는 고전을 직접 읽는 편이 좋다. 사서오경부터 시작해서 노자, 장자, 한비자, 묵자까지만 읽으면 동양 철학의 기본기는 갖추는 셈이다.

함께 읽어야 하는 다른 분야의 고전 ——

이밖에 사회과학이나 자연과학 분야의 알려진 고전들을 함께 읽는 것도 인문학적 내공을 키우는 데 도움이 된다. 앞에서 말했듯이 모든 학문은 인문학과 연결되어 있다. 카를 마르크스의 《자본론》이나 애덤 스미스의 《국부론》, 찰스 다윈의 《종의 기원》을 읽지 않고는 세상의 돌아가는 이치와 원리를 제대로 깨달을 수 없다. 이 가운데 《자본론》은 읽기가 무척 힘들지만 인내심을 가지고 끝까지 읽어볼 것을 권한다. 《자본론》과 《국부론》《종의 기원》은 문학과 역사, 철학 분야의 고전들과 함께 반드시 읽어보아야 하는 고전 중의 고전이다.

세상에는 공짜가 없다. 콩 심은 데 콩 나고 팥 심은 데 팥 나는 것이 동서고금의 진리다. 인문학 공부도 투자한 만큼, 노력한 만큼 그 열매를 거둘 수 있다.

적자생존의 원칙 ——

책을 읽은 후에는 반드시 자신만의 생각을 정리하는 습관을 길러야 한다. 단 한 페이지라도 읽은 내용을 정리해두는 것과 그냥 지나가는 것은 엄청난 차이다. 적자생존, 기록하는 사람만이 경쟁사회에서 생존할 수 있다. 독서노트를 따로 만들어 일기장처럼 써두었다가 책으로 묶어보는 습관을 기르는 것도 인문학 공부에 도움이 된다. 별도의 노트가 아니라 블로그나 카페를 개설해서 그곳에 글을 저장하는 것도 좋은 방법이다. 나는 그렇게 하고 있다.

똑똑해진다는 것의 의미 ——

인문학의 내공이 쌓이면 똑똑해진다. 그렇다면 똑똑해지기 위해서는 어떻게 해야 할까? '똑똑하다'를 뜻하는 영어 단어 'SMART'의 철자를 하나씩 뜯어보면 답이 나온다.

스마트의 첫 글자 S는 학습하다는 의미의 Study를 뜻한다. 지성의 힘은 공부에서 시작된다. 학문과 사회윤리, 국가적 규범 체계를 철학적으로 집대성하고 있는 동양의 대표적 고전인 《논어》의 첫 글자도 학學이다. 학이시습지學而時習之 불역열호不亦說乎, 공자는 배우고 때때로 이를 익히는 것, 즉 학습學習이 선비가 가장 먼저 해야 할 일이라고 가르치고 있다. 맹자와 함께 공자의 유교 계보를 잇는 《순자》의 첫 편도 권학勸學이다. 권학편의 첫 구절에 나오는 청출어람靑出於藍이라는 말은 공부의 효용성을 깨우쳐주는 경구다.

스마트의 두 번째 글자 M은 기억하다는 의미의 'Mind on,

memorize'를 뜻한다. 학습을 한 후에 해야 할 일은 배운 것을 마음에 새기는 것이다. 배운 것을 한 귀로 듣고 한 귀로 흘리면 지성의 힘은 성장하지 않는다. 마음에 새기고 기억하는 능력이 커져야 지성의 힘도 잘 자란다.

스마트의 세 번째 글자 A는 분석하다는 뜻의 'Analyze'를 가리킨다. 습득한 지식이나 정보를 단순하게 기억만 하면 지성은 늘 제자리걸음을 면치 못한다. 입체적으로 그것을 분석하는 힘을 길러야 지성이 성장한다.

스마트의 네 번째 글자 R은 반복하다는 뜻의 'Repeat'를 가리킨다. 지성의 힘은 꾸준한 반복을 통해서만 그 토대가 튼튼하게 다져진다. 반복학습의 효과는 과학적 실험을 통해 다양하게 입증되고 있다.

스마트의 마지막 글자 T는 훈련을 뜻하는 'Training'의 T다. 단순한 반복과 훈련은 다르다. 효과적인 훈련을 위해서는 우선 전략적 목표를 명확하게 설정해야 한다. 그리고 체계적인 프로그램으로 목표 달성을 뒷받침해야 한다. 그래야 학습효과가 높아진다.

영어 문장에서 가장 정직하고, 거짓말을 하지 않는 문장을 하나 들라면 이런 문장을 들 수 있다. Practice makes it perfect. 꾸준한 학습과 훈련만이 지성을 완성하는 유일한 방법이다. 학문에는 이보다 더 좋은 방법이 없다. 인문학도 마찬가지다. 문학, 역사, 철학을 중심으로 인문고전을 꾸준하게 읽고, 사색하고, 마음에 새기고, 분석하고, 반복하는 훈련을 거듭하다 보면 자신도 모르는 사이에 지성이 힘이 길러진다. 그렇게 길러진 지성의 힘은 무척 강하다. 권투 글러브가 될 수도 있고 도끼가 될 수도 있다. 현미경이 될 수도 있고, 망원경이 될 수도 있다. 인문학에 통달한 나는 공감의 대가, 소통의 전문가가 될 수도 있다.

제4강

행복이란 무엇인가?

행복이란 무엇인가?

행복은 동서고금을 막론하고 최고의 가치다. 이것은 개인이나 사회나 국가나 모두 마찬가지다. 행복이 최고의 가치라는 명제에는 예외가 없다. 사람은 행복하기 위해 일을 하고, 결혼도 한다. 맛있는 음식점을 찾아다니고, 영화를 보고, 쇼핑을 하는 것도 모두 행복해지기 위해서다. 사회생활을 하는 것도 마찬가지다. 동호회나 카페에 가입하고, 교회나 절을 찾는 것도 모두 행복한 삶을 살기 위해서다. 국가가 존재하는 이유도 궁극적으로 보면 국민이 행복해지기 위해서다. 정부가 세금을 걷고, 정책을 만들고, 법률을 제정하는 이유도 국민을 행복하게 만들기 위한 것이다. 그렇다면 '무엇이 진정한 행복인가?' '어떻게 하면 행복해질 수 있을까?' 행복에 대한 인문학의 가르침은 무엇인지 한번 알아보자.

짜장면 한 그릇의 행복과 스테이크의 행복 ——

행복은 개개인이 각자 느끼는 주관적인 만족감이다. 같은 영화를 봐도 서로의 느낌이 다를 수 있기 때문에 영화 한 편이 가져다주는 행복감의 정도는 같지 않다. 맛있는 음식을 먹어도 마찬가지다. 짜장면 한 그릇에 행복해하는 사람도 있고, 고급 레스토랑에서 스테이크를 먹어야 행복하다고 느끼는 사람도 있다. 새 아파트를 장만해서 행복해하다가도 친구가 더 큰 아파트를 장만했다는 소리를 듣는 순간 더 큰 욕망을 품게 되는 것이 인간이다. 따라서 '이것이 행복이다.' 하고 딱 부러지게 행복을 정의하는 것은 어렵다. 행복을 연구하는 심리학자들이나 과학자들도 행복에 대한 하나의 기준을 제시하지는 못한다. 인간의 본성과 욕망의 크기, 취향과 가치관의 차이, 그 사람이 거주하는 사회적, 국가적 환경 등 여러 가지 요소가 행복을 결정하는 요인으로 작용한다.

부와 권력 ——

상식적으로 생각할 때는 돈이 많거나, 사회적 지위가 높은 사람이 행복하다고 말할 수 있다. 부자가 되거나 권력을 쥐고 싶은 욕망은 보편적인 것이다. 그래서 부와 권력은 가장 쉽게 생각할 수 있는 행복의 기준으로 떠오른다. 하지만 우리 주변을 돌아보면 반드시 그렇지만은 않다. 돈 많은 부자들이나 권세 있는 사람들이 수갑을 차고 법정에 들락거리거나 감옥에 갇히는 경우를 우리는 흔히 본다. 이들을 보면서 행복하다고 느끼는 사람은 아무도 없을 것이다. 돈과 권력도 상대적인 것이다. 그것이 행복의 절대적인 기준이 될 수는 없다.

시골에서 땀을 흘려 농사를 지으면서 나쁜 짓 하지 않고 정직하게 살아가는 사람이 돈 많은 부자나 권력가들보다 훨씬 더 행복할 수 있다. 이 두 경우를 합쳐서 생각해보면 행복의 기준이 조금 더 분명해진다. 나쁜 짓 하지 않고 정직하게 자신이 노력한 대가로 돈을 많이 벌고, 높은 지위에 오를 수 있으면 그 사람은 행복한 사람이라고 말할 수 있다. 물론 그런 사람이 나오기란 낙타가 바늘구멍에 들어가는 것만큼 어려운 것이 우리의 현실이다. 그래서 '정직하게 일해서 돈을 많이 벌고 출세해서 행복하게 살라'고 말하는 것은 그다지 현실적이지 못하며, 보편적인 공감을 얻기도 어렵다.

그런데 본질적으로 더 중요한 문제가 있다. 정직하게 일해서 돈을 많이 벌고 출세를 하는 것이 가능하다고 해보자. 그런 일이 가능하다고 할 때 그 사람이 반드시 행복한가? 그렇지는 않다. 그것도 상대적이다. 돈이 많은 사람은 더 많은 돈을 필요로 하고, 높은 자리에 오른 사람은 더 높은 자리에 오르려고 한다. 인간의 욕심은 한이 없다. 수백억, 수천억의 재산을 가진 사람은 또 다른 수백억, 수천억을 벌기 위해 매달린다. 공직사회에서 한 계단 승진한 사람은 다음 계단으로 승진하기 위해 아등바등 매달린다. 사무관은 서기관을 달기 위해, 서기관은 부이사관, 이사관을 달기 위해, 차관은 장관이 되기 위해 노심초사, 동분서주한다. 돈이나 권력을 행복의 기준으로 삼을 경우 진짜 행복한 사람은 아무도 없게 된다.

꾸뻬 씨의 행복 ——

프랑수아 를로르가 쓴《꾸뻬 씨의 행복 여행》에는 행복에 관한 메시지가 일목요연하게 잘 정리되어 있다.《꾸뻬 씨의 행복 여행》은 최근에 영화로도 만들어질 정도로 널리 사랑받는 책이다. 정신과 의사 꾸뻬 씨는 행복한 삶의 모습을 찾기 위해 여행을 떠난다. 꾸뻬 씨는 행복의 조건을 스물세 가지로 정리한다. 스물세 가지 행복의 조건을 유형별로 보면 크게 다섯 가지 정도로 압축된다.

첫 번째 조건은 남과 비교하지 않는 것이다. 남과 비교하는 순간 나의 행복은 깨진다. 나보다 더 돈이 많은 사람, 나보다 더 잘난 사람, 내 아이보다 공부를 더 잘하는 아이를 둔 부모 등등 남들과 비교하는 순간 나는 불행한 사람이 되고 만다.

둘째, 행복은 목표가 아니라 과정이다. 사람들은 행복 그 자체를 목표로 삼는 경향이 있다. 그러면서 행복을 미래로 유보한다. 1억 원 만들기, 5년 만에 내 집 마련하기 프로젝트 등이 이런 예에 속한다. 이 프로젝트는 사람을 행복하게 만들까? 그렇지 않다. 1억 원을 만들 때까지, 내 집을 마련하기 전까지 맛있는 걸 먹고 싶어도 참고, 몸이 아파도 웬만하면 병원에 가지 않고 꾹꾹 참다 보면 결국 탈이 나고 몸이 망가지고, 행복은 더욱더 요원해진다. 목표를 이루기 전까지는 가족도, 친구도, 즐거움도 없는 불행한 삶을 살게 된다. 목표를 달성했다고 해서 행복이 찾아오는 것도 아니다. 만족감은 잠시 잠깐이다. 그 사람은 또 다시 10억 만들기에 도전하고, 아파트 평수 늘리기에 도전한다. 행복은 또 저만치 멀어진다. 그러나 행복이라는 지표를 인생의 목표가 아니라 과정으로 삼으면 천만 원으로도 얼마든지 행복할 수 있고, 전세를 살아도 충분히 행복할 수 있다.

셋째, 사람이 주는 행복이 물질이 주는 행복보다 더 중요하다. 내가 좋아하는 사람, 나와 마음이 맞는 사람은 그 사람과 함께 있는 것만으로도 행복하다. 돈이 없어도, 가난해도, 힘들어도, 내가 좋아하는 사람이 옆에 있으면 마음이 든든하고 행복하다. 돈이 아무리 많아도 믿고 의지할 사람, 사랑하는 사람, 함께하는 가족이 없으면 결코 행복해질 수 없다.

넷째, 사람은 일에 대한 보람에서 행복을 느낀다. 부의 크기, 권력의 크기가 아니라 무언가를 했다는 뿌듯함, 보람이 사람들을 행복하게 만든다. 고난과 역경을 극복하고 마침내 일을 해냈다는 생각은 다른 무엇과도 비교할 수 없는 큰 만족감과 행복감을 가져다준다.

다섯째, 더불어 사는 사람이 행복하다. 혼자서 느끼는 행복보다는 다른 사람을 배려하고, 존중하는 데서 사람은 더 큰 만족감을 느낀다. 개인으로서 자신도 중요하지만 행복하기 위해서는 자신을 둘러싸고 있는 환경, 사회, 국가도 중요하다. 그런 환경, 그런 사회, 그런 국가를 만들기 위해 노력하는 것은 스스로를 행복하게 만드는 일이다.

그리스인 조르바의 행복 ——

니코스 카잔차키스가 《그리스인 조르바》에서 말하는 행복은 네 가지 카테고리를 가진다. 먼저 행복은 거창한 것이 아니라 소박한 것이다. 소설에서 화자인 '나'는 크레타 바닷가에서 조르바와 함께 파도 소리를 들으며 군밤을 안주 삼아 포도주를 마신다. 그 순간 그는 행복은 별것 아니라고 느낀다. "행복이라는 것은 포도주 한 잔, 밤한 알, 허름한 화덕, 파도 소리처럼 참으로 단순하고 소박한 것이다. 지금 한순간이 행복하다고 느껴지게 하는 데 필요한 것은 단순하고 소박한 마음뿐이다."

둘째, 행복이란 자유와 동의어다. 자유란 얽매이지 않는 영혼이다. 절벽에서 밧줄을 끊을 줄 아는 미친 짓을 감행할 수 있어야 자유로워질 수 있다. 문명, 언어, 논리, 이성, 형식은 자유를 속박하는 줄이다. 춤을 추고 싶을 때는 일어나서 춤을 추고, 산투르를 연기할 때는 다른 소리가 귀에 들리지 않고, 일을 할 때는 앞뒤 돌아보지 않고 일에 몰두하는 것이 자유로움의 특징이다. 이러한 자유로움을 얻을 때 사람은 진정한 행복감을 맛볼 수 있다.

셋째, 깨달음이 곧 행복이다. 존재와 형상의 철학적 의미를 고민하던 주인공은 붓다가 최후의 우물, 마지막 심연의 언어이며 영원한 구원의 문이 될 것으로 확신하는 순간 머리 꼭대기에서 발끝까지 행복감을 느낀다. 진리를 깨친 순간 그는 조르바처럼 망설이지 않고 옷을 벗어던지고 바다 속으로 풍덩 뛰어든다. 깨달은 순간 주인공이 발견한 진리는 "행복의 근원은 자기 자신 안에 있다"는 것이다. 하늘나라가 마음속에 있다고 한 예수의 가르침이나, 마음의 번뇌로부터 벗어나는 것이 행복의 지름길이라고 말하는 불가의 가르침과 일맥상통한 메시지다.

키높이 행복론 ——

네 번째로 니코스 카잔차키스가 말하는 것은 키높이 행복론이다. 자신의 키에 알맞은 행복에 만족할 때 사람은 행복해질 수 있다는 것이 키높이 행복론이다. 《꾸뻬 씨의 행복 여행》에 나오는 행복의 제1조건과 같다. 모든 사람에게는 각자에게 알맞은 행복이 있다. 돈이 많건 적건, 권력을 가졌건 평범한 시민이건, 세상의 모든 사람은 각자의 행복을 가지고 있다. 거기에 만족하는 것이 행복한 삶이다. 작은 키의 행복이 알맞은 사람이 큰 키의 행복을 욕망하면 행복은 사라진다.

소설 속의 주인공은 조국 그리스를 위해 터키와의 전쟁에 참전한 친구에게 보내는 편지에서 이렇게 말한다. "자네는 자네가 지향하는 삶을 행복한 것이라고 생각하고 있을 것이네. 그리고 그렇게 생각하기 때문에 자네는 행복할 것이네. 자네는 자네 키에 맞는 행복을 선택했네. 내 행복도 그렇다네. 나는 나의 행복을 위해 내 키높이를 열심히 재고 있다네."

카잔차키스는 키높이 행복론의 근거를 공자에게서 구한다. "많은 사람은 자기보다 높은 곳에서, 혹은 낮은 곳에서 복을 구한다. 그러나 복은 사람과 같은 높이에 있다." 그러나 이 인용문은 출처가 불분명하다. 《논어》뿐만 아니라 공자의 저작이라고 전해지는 《예기》《춘추》등 어디에서도 행복, 복이라는 말은 등장하지 않는다. 덕, 인, 예와 같은 것들을 행복으로 의역은 할 수는 있다. 하지만 서양에서 말하는 'happiness'는 개인적 쾌락, 만족의 의미가 강하지만 덕, 인, 예는 사회적 규범이나 개인의 도덕률에 더 가깝다.

카잔차키스가 어떤 경로로 《논어》를 접했고, 어떤 의도에서 이 문장을 "공자 가라사대" 하면서 인용했는지 우리로서는 알 길이 없다. 다만 추측할 수 있는 것은 《논어》가 영미권 언어로 번역되는 과정에서 오류가 발생하지 않았나 하는 점이다. 출처의 정확성을 논외로 할 경우 카잔차키스의 이 키높이 행복론은 행복에 관한 훌륭한 인문학적 대답이 될 수 있다.

혜민 스님의 행복론 ——

푸른 눈을 가진 스님으로 잘 알려진 혜민 스님은 《동아일보》와의 2015년 신년 인터뷰에서 행복에 대해 이렇게 말한다. 《꾸뻬 씨의 행복 여행》에 나오는 행복의 조건과 크게 다르지 않다.

"모두 행복을 꿈꾸지만, 정작 행복하다는 사람은 매우 드문데요?"

"행복하기 위해선 지금 행복해야 하는데 우리는 보통 어떤 목표를 설정해 놓고 미래로 행복을 미루는 경향이 있는 것 같아요. 하지만 막상 그 목표가 이루어졌다고 해도 만족은 아주 잠시고, 그것보다 더 높은 목표가 다시 생겨 행복이 또 미래로 가 버립니다. 하지만 행복을 주변의 고마운 사람들과의 따뜻한 만남 속에 있다고 생각하면 바로 여기서 행복할 수 있어요. 다른 목적 없이 만남 자체가 즐거운 만남을 자주 가지세요. 저는 꽤 행복한 사람이라고 느끼는 데 그 이유를 살펴보니 무엇을 성취해서가 아니라, 제가 제 주변 사람들을 정말로 좋아하고 있기 때문이더군요."

"스님 스스로는 행복을 어떻게 찾아가고 있나요?"

"삶을 풍성하게 하기 위해 무언가를 배우는 것도 행복해지는 데 중요한 요소라는 걸 깨달은 뒤 최근에 클래식 기타를 배우고 있습니다. 일주일에 한 시간씩 시간을 들이는데 또 다른 새로운 세상이 열렸어요. 그리고 또 끌려 다니는 삶이 아니고 주도하는 삶을 살도록 봉암사에서 수행도 하고 이번처럼 마음치유학교도 만들고 그러는 것 같습니다."

《안나 카레니나》의 행복 ──

톨스토이의 《안나 카레니나》는 행복의 조건을 탐색하고 있는 대표적인 인문고전이다. 《안나 카레니나》에서 톨스토이가 말하는 행복의 조건 가운데 가장 중요한 것은 중용이다. 이성과 감정의 중용, 여기에 행복의 열쇠가 있다.

주인공 안나 카레니나는 젊음과 미모를 겸비한 귀족 가문의 부인이다. 세상의 기준으로 볼 때 남부러울 것이 없는 여성이다. 그녀의 남편은 페테르부르크에서 잘나가는 정치인이다. 귀여운 아들도 하나 있다. 그렇지만 안나 카레니나는 이러한 모든 조건에도 불구하고 행복감을 느끼지 못한다. 남편과는 나이 차이가 많다. 결혼도 사랑으로 한 것이 아니라 조건을 보고 했다. 안나 카레니나는 남편을 사람이 아니라 인형이라고 생각한다. 그래도 평범한 주부로서 아이를 잘 키우고, 살림을 잘 건사하면 행복한 삶을 누릴 수 있다. 하지만 그녀는 거기에 만족하지 않는다. 안나 카레니나는 또 다른 사랑을 꿈꾼다.

안나 카레니나는 어느 날 모스크바의 오빠 집을 방문한다. 오빠가 바람을 피우다가 올케와 다투는 바람에 안나 카레니나의 도움이 필요하다고 급하게 연락을 해왔기 때문이다. 안나 카레니나는 모스크바로 가는 기차간에서 우연히 브론스키의 어머니와 같은 자리에 앉는다. 그리고 모스크바 기차역에서 어머니의 마중을 나온 브론스키와 마주친다. 브론스키는 장래가 촉망되는 엘리트 장교다. 브론스키는 한눈에 안나 카레니나의 매력적인 모습에 반한다. 그녀가 유부녀인 것을 알고 난 후에도 개의치 않는다. 안나 카레니나도 잘 생기고 정열적인 브론스키에게 빠진다. 주위에서 손가락질을 하지만 두 사람은 결혼을 약속하면서 깊이 사귄다.

둘 사이에는 딸아이까지 하나 태어난다. 정열적인 사랑을 하는 데는 성공하지만 그것이 안나 카레니나에게 행복을 가져다주지는 않는다. 그녀는 남편과 자식을 버렸다는 죄책감에 시달린다. 남편에게 이혼을 요구하지만 남편은 허락하지 않는다. 교회법상 그것이 허용되지 않는다는 것이 남편이 내세우는 이유다. 브론스키 어머니의 반대도 걸림돌로 작용한다. 브론스키의 어머니는 안나 카레니나를 며느리로 맞을 생각이 추호도 없다. 그녀에게 안나 카레니나는 자식의 성공을 가로막는 걸림돌일 뿐이다.

결국 이러한 문제 때문에 안나 카레니나는 브론스키와 자주 다투게 된다. 그리고 심리적으로 극심한 고통을 참지 못하고 기차에 몸을 던져 불행하게 생을 마감한다.

행복의 제1조건, 중용 ——

톨스토이는 《안나 카레니나》의 첫 장에서 다음과 같이 말한다. "행복한 가정은 모두 모습이 비슷하고, 불행한 가정은 모두 제각각의 불행을 안고 있다." 톨스토이가 행복한 가정의 모델로 내세우는 커플은 레빈과 키티다. 안나 카레니나는 불행한 가정의 모델이다.

키티는 브론스키의 연인이었다. 그렇지만 브론스키가 안나 카레니나와 사랑에 빠지면서 버림을 받는다. 충격으로 실의에 빠진 키티를 구한 사람은 레빈이다. 레빈은 키티가 브론스키와 한때 연인 사이였다는 사실을 잘 알고 있다. 그렇지만 키티가 브론스키와 헤어진 후 그녀에게 청혼한다. 고민하던 키티는 마음을 돌려 레빈의 청혼을 받아들인다. 두 사람은 결혼을 한 후에 가끔 다툰다. 브론스키를 생각하는 키티 때문이다. 레빈은 불같이 화를 내기도 한다. 그렇지만 이성으로 자신의 감정을 잘 조절해서 가정을 지킨다. 키티도 마찬가지다. 도시가 아니라 농촌에서 살기를 원하는 레빈 때문에 속이 상할 때도 있지만 이성으로 인내하고 절제함으로 원만한 가정을 꾸린다.

사람은 감정의 동물이다. 때로 욱하는 기분으로 성질을 부리기도 하고, 부부 싸움을 하기도 한다. 상대에게 실망하는 경우도 있다. 안나 카레니나처럼 가정을 팽개치고 외도를 선택하기도 한다.

그러나 행복은 무조건적인 사랑의 시도나 적극적인 감정 표현에만 있지는 않다. 레빈과 키티처럼 중용의 마음으로 감정을 조절하고, 통제할 수 있는 능력이 행복한 삶에서는 중요하다. 그렇다고 안나 카레니나의 선택이 무조건 잘못되었다고 말할 수는 없다. 출세에만 신경 쓰고 아내를 사랑으로 대하지 않는 남편의 잘못도 안나 카레니나를 불행하게 만든 중요한 요소다. 그리고 남녀의 자유로운 선택을 가로막는 관습이나 제도의 문제도 중요하다. 국가는 개인의 행복을 위해 이러한 행복생태계를 잘 정비해야 하는 의무가 있다.

청춘의 행복 ——

사람은 인생의 시기마다 행복의 요건을 달리한다. 어린 시절에는 아동기의 행복이 있고, 젊은 시절에는 청춘의 행복이 있다. 나이가 들면서 그 기준은 또 달라진다. 청춘의 행복은 어떤 모습일까? 첫사랑의 설렘, 좋은 일자리, 퇴근 후 동료들과의 호프 한 잔, 주말 영화관 데이트, 맛 집에서 식사한 후 커피 한 잔, 배낭여행과 같은 것들이 행복한 청춘의 상징이 아닐까?

결혼한 후 이러한 행복의 조건은 보다 더 구체적으로 변한다. 낭만보다는 현실적 만족감이 행복의 조건에서 차츰 큰 비중을 차지하게 된다. 신혼 초에 셋방살이를 하다가 자기 집을 하나 장만할 때 행복감을 느낀다. 새 집에 이사 가서 요것조것 인테리어를 하면서도 행복감을 느낀다. 직장에서 월급이 오를 때, 승진했을 때, 새 차를 장만할 때도 마찬가지의 행복감을 느낀다.

불행의 조건은 행복의 조건을 거꾸로 뒤집어보면 금방 나온다. 승진에서 누락되었을 때, 구조조정으로 회사에서 잘릴 때, 월급이 깎일 때, 전세가 올라서 월세로 밀려날 때 불행을 맞본다. 평탄하게 인생을 살면 누구나 평범한 행복의 조건을 누리면서 살 수 있다. 그러나 세상은 그렇게 녹록지 않다. 불행의 조건은 곳곳에 널려 있다. 이럴 때 사람이 기댈 곳은 어딘가? 자신이다. 자신마저도 행복의 조건에서 멀어져 있으면 행복은 요원하다.

안나 카레니나의 행복론이나 꾸뻬 씨의 행복론, 혜민 스님의 행복론, 조르바의 행복론은 힘든 청춘을 일으켜 세워 주는 힘이다. 인문학이 행복한 삶을 보장해주지는 않는다. 그러나 불행에 빠졌을 때 거기서 헤어날 수 있는 지혜와 용기를 준다. 상처를 스스로 들여다보고, 스스로 치유할 수 있는 능력을 키워준다.

나는 행복한가? ——

스스로에게 질문해보자. 나는 과연 행복한가? 행복하다면 그 점수는 몇 점 정도나 될까? 백 점 만점에 구십 점? 오십 점? 이십 점? 한국인의 평균 행복지수는 세계 꼴찌 수준이다. 최근 유엔에서 발표한 자료를 보면 조사 대상국 143개국 중 118위다. 점수는 100점 만점에 59점이다. 팍팍한 현실 때문에 행복하지 못한 청춘이 더 많다. 정부 공식 통계를 보더라도 청년실업률은 무려 11퍼센트다.

예전의 대학생들은 둘만 만나면 시국을 논했지만 요즘 대학생들은 둘만 만나면 취업 걱정을 한다. 학교에 다니면서도 학비를 마련하기 위해 혹은 용돈을 벌기 위해 알바 전선에 뛰어든다. 고기 집 알바에서 편의점 알바에 이르기까지 알바의 종류도 각양각색이다.

행복을 미래의 가치로 유보하면 대학 시절의 행복은 없다. 친구와 함께 떠나는 여행, 고전 읽기, 봉사활동, 취미생활, 동아리 활동 등등 행복을 누릴 수 있는 조건은 우리 주변에 많이 있다. 지금의 행복을 누릴 수 있어야 미래에도 행복할 수 있다. 눈을 돌리고, 생각을 바꾸면 불행이 행복으로 바뀔 수 있다. 돈을 벌기 위해 알바를 하고, 돈만 생각하면서 일을 하면 행복해질 수 없다. 일에 대한 만족감, 성취감을 먼저 생각하고, 동료들과의 관계를 잘 만들어나가기 위해 노력하다 보면 돈은 저절로 따라 온다.

오로지 취업만을 목표로 대학 생활을 하면 청춘의 행복은 저 멀리 달아난다. 그렇게 아등바등해서 취업을 잘해도 그 사람은 또 다시 직장에서 자신의 행복을 미래에 유보한 채 승진에만 매달린다. 조건을 따져서 사랑 없는 결혼을 하고, 아이를 낳아서 자신과 똑같이 기르다 보면 평생 행복을 맛볼 수 없게 된다.

경제적 조건이나 사회문화적 환경에서 볼 때 우리의 행복 수준은 국제사회에서 최소한 평균 이상은 되어야 정상이다. 그런데 늘 꼴찌 수준이다. 그 이유는 지나친 경쟁의식 때문이다. 누가 나를 앞질러 갈 것 같은 불안감에 사람들은 뭔가 하나라도 더 해야 한다는 강박관념에 시달린다. 어릴 때부터 과외에 내몰리고, 입시경쟁에 내몰린 결과 청년이 되어서도 강박증을 벗어나지 못한다. 고등학교 시절의 수능 등급 높이기 강박증은 대학 와서 토익 점수 높이기 강박증으로 대체된다. 형태만 조금 다를 뿐 지나친 경쟁 심리에 의한 강박증이라는 본질은 하나도 다르지 않다.

행복해지는 것도 훈련이고 연습이다. 웃을 일이 없어도 매일 아침 거울 앞에서 억지로라도 웃는 연습을 하면 행복지수가 높아진다는 조사 결과도 있다. 오늘 아침에 눈을 뜨면서 내가 살아 있음에 감사할 줄 아는 마음만 가지면 다른 조건이 아무 것도 없어도 그 사람은 행복해질 수 있다. 아프리카 르완다 사람들이나 GNP가 꼴찌 수준인 부탄 사람들이 대한민국 사람보다 행복지수가 높은 이유는 거기에 있다. 꾸뻬 씨는 말한다. "살아 있음을 느끼는 것이 가장 큰 행복이다. 행복의 가장 큰 적은 경쟁심이다." 인문학은 행복해지기 위해 뭔가 길을 찾을 때, 방향을 잃었을 때, 좋은 가이드, 유용한 나침반이 될 수 있다.

제5강

나는 누구인가?

나는 누구인가?

첫 번째 강좌에서 우리는 인문학을 세상과 나에 대한 물음이라고 정의했다. 그래서 문은 글월 문$_文$이 아니라 물을 문$_問$이라고 했다. 철학자들은 특별한 상상력과 시선으로 이 물음을 심화시키고, 탐구하고, 제 나름의 답을 내놓는다. 세상에 대한 물음과 나에 대한 물음은 궁극적으로 같은 질문이다.

'나는 누구인가?'라는 질문은 '세상은 무엇인가?'라는 질문과 종국에 가서 수렴된다. 세상과 나는 불가분의 관계에 있으며, 세상이 곧 나이고, 내가 곧 세상이기 때문이다. 나와 세상에 대한 물음은 종이의 앞면과 뒷면처럼 한 몸이다. 인식의 주체인 내가 없으면 세상도 없으며, 세상을 벗어난 나는 있을 수 없기 때문이다. 무수히 많은 나의 총합이 세상이고, 무한한 세상의 원자들 중 하나가 나인 것이다. '나는 누구인가?'라는 물음에 대한 답은 그래서 나에게서 시작해서 세상에서 끝난다. 거꾸로 세상에서 시작해서 나에게서 끝나는 과정을 밟아도 결론에는 차이가 없다.

결핍존재 ——

내가 누구인지 알아보기 위해 우리는 현대 철학의 몇 가지 프레임을 동원해 볼 것이다. 나를 알기 위해 매우 유용한 수단이기에 그걸 차용키로 한다. 가장 먼저 살펴볼 대목은 결핍존재라는 개념이다.

결핍존재라는 용어를 가장 먼저 사용한 철학자는 헤르더이며, 이것을 좀 더 확장된 시각으로 발전시킨 철학자가 셸러이다. 셸러는 《우주에서 인간의 지위》라는 저서에서 이렇게 밝히고 있다. "인간이란 무엇이며, 존재 영역에서 그의 위치는 어떤 것인가? 내게서 철학적 의식이 처음 눈뜬 이래로 이 물음은 다른 어떤 철학적 문제보다 더 본질적이고 핵심적인 문제가 되어 왔다."

헤르더와 셸러의 철학적 인간학에 대한 논의는 동물과 인간의 비교에서 출발한다. 흔히 인간은 만물의 영장이라고 불린다. 나도 인간이기에 나는 만물의 영장이다. 하지만 내가 거주하는 지리적 공간을 우주로 확장해보자. 우주는 무한히 넓다. 상상할 수 있는 최대의 공간적 범위라고 할 수 있는 은하계조차도 무한한 우주의 일부분에 지나지 않는다. 나의 눈에 광활한 것으로 인식되는 태양계는 우주에서 볼 때 아주 작은 점 하나에 불과하다. 그렇게 볼 때 지구는 얼마나 작은 존재인가? 그 지구의 한 귀퉁이에서 발을 딛고 사는 존재가 바로 나다. 여집합의 개념으로 볼 때 나는 무한히 부족한 것이 많은 결핍존재다.

　생존경쟁을 벌이고 있는 다른 생물 종과 비교해 보자. 덩치가 큰 코끼리나 고래, 날카로운 이빨을 가진 사나운 호랑이나 사자, 상어, 독을 가진 지네, 하늘을 날 수 있는 날개를 가진 매 등과 비교해볼 때 인간은 여러 가지로 결핍된 존재다.

　덩치가 작은 동물들도 나에게 없는 놀라운 감각적 능력을 갖고 있다. 뱀은 0.003도의 온도 차이까지 감지할 수 있는 피트기관을 갖고 있으며, 별코두더지는 극도로 미세한 진동과 압력을 감지할 수 있는 아이머기관을 갖고 있다. 개미는 화학전달물질인 페로몬을 통해 의사소통을 한다. 개미들은 이 화학물질의 조합이 지시하는 10~20가지의 신호를 구별한다. 베르나르 베르베르는 《개미》라는 책에서 이러한 탁월한 개미의 감각적 능력과 대비시켜 인간에게 결핍된 소통 능력을 꼬집고 있다. 거미는 거미줄을 튕겨 되돌아오는 진동을 분석해서 거미줄의 상태를 수시로 점검한다. 나비는 꼬리 또는 주둥이 밑 부분에 귀가 있다. 초음파를 들을 수 있기 때문에 천적인 박쥐가 내는 초음파를 듣고 박쥐와의 거리를 계산해 도망친다.

　찰스 다윈이 《종의 기원》에서 결론짓는 인간의 위상은 특수한 지위가 아니라 상대적인 지위라는 것이다. 사람은 환경에 잘 적응한 생물의 한 종에 지나지 않는다. 신처럼 전지전능한 존재가 아니라 다른 생물 종과 같은 부류에서 진화한 존재다. 특별한 계시나 명령, 섭리가 아니라 우연적 원인에 의해 환경을 스스로 통제하고 지배하는 위치에 있게 된 존재다.

아인슈타인도 일반상대성이론에서 결핍존재로서의 인간 존재의 본질을 지적한다. 인간은 우주라는 공간에서 절대적 지위가 아니라 상대적 지위를 가지는 결핍존재다. 생물학적 눈으로 보나, 물리학적 눈으로 보나, 철학적 눈으로 보나 인간이 결핍 존재인 것은 변함이 없다.

프로이트는 이러한 결핍존재로서의 인간의 내면적 특성을 심리학적으로 깊이 파헤쳤다. 프로이트의 해석에 따르면 나는 나에게 익숙한 존재가 아니라 무척 낯선 존재이며, 부족한 무언가를 채우기 위해 끊임없이 욕망하는 결핍존재다.

결핍을 해소하는 방법 ——

나는 우주에서 볼 때 극히 보잘 것 없는 미약한 존재다. 다른 생물 종들과 비교해볼 때 힘도 부족하고, 날개도 없고, 감각도 떨어지는 결핍존재다. 이러한 내가 만물의 영장이 되는 이유는 무엇인가? 결핍을 해소하고, 약점을 극복하고, 나보다 덩치도 크고 힘이 세고 감각이 뛰어난 동물들을 제압하고, 통제하고, 이용할 수 있는 나의 무기는 무엇인가? 생각하고 계획하는 정신적 힘이다. 즉 이성과 자유의 힘이다.

동물은 아무리 덩치가 크고 힘이 세고 날카로운 감각기관을 지녔어도 이성적으로 사유할 수 있는 능력이 없다. 미래를 스스로 설계하고, 대비하고, 통제할 수 있는 힘이 없다. 상상력과 모험심으로 미지의 세계를 개척하고, 탐험하는 자유의 힘을 가지고 있지 않다. 내가 만물의 영장이 될 수 있는 가장 큰 기준, 척도는 바로 자유와 이성이다. 이성과 자유의 힘이 약해지면 동물에 가까워지고, 그 힘이 세지면 보다 나은 인간으로 발전한다. 인문학은 나의 이성과 자유의 힘을 길러주는 학문이다. 따라서 인문학은 나를 인간답게 만들어주는 최적의 학문이다.

생각하는 힘 ——

생각의 힘을 논리적으로 체계화시킨 최초의 철학자는 데카르트였다. 데카르트는 《방법서설》이라는 책에서 이 작업을 매우 세심하게 다루고 있다. 데카르트는 참과 거짓을 식별하고 사태를 잘 판단하는 능력을 이성이라고 부른다. 그렇지만 그것은 이제 신의 이성이 아니라 인간 정신의 이성이다. 모든 인간은 이런 이성적 능력을 균등하게 갖고 있다. 주인도 노예도 모두 같은 정도의 이성을 갖고 있다. 그들은 모두 이성을 통해 참과 거짓을 식별하여 진리를 인식할 수 있고 잘 행동할 수 있으며 그래서 잘 살아갈 수 있다. 좋은 삶은 더 이상 신의 보살핌에 의존하지 않는다. 그것은 오직 이성에 달려 있다. 모든 인간은 자기 삶을 스스로 계획하고 영위할 수 있다.

이성의 올바른 사용은 《방법서설》의 핵심적 내용을 이룬다. 《방법서설》의 원제목은 《이성을 잘 인도하고 학문에서 진리를 탐구하기 위한 방법서설》이다. 데카르트에게 철학의 임무는 이성을 그저 소유하는 것이 아니라 올바르게 활용해서 확실한 진리를 발견하고,

이것을 토대로 잘 행동함으로써 후회 없는 삶, 만족한 삶을 영위하는 데에 있다. 이를 위해 필요한 것이 바로 '방법'이다. 방법에서 제시하는 핵심적인 내용은 '명증성의 규칙' '분해의 규칙' '합성의 규칙' '열거의 규칙'이라는 네 가지 규칙이다.

'명증성의 규칙'에서 데카르트는 명증적으로 참이라고 인식한 것 외에는 그 어떤 것도 참된 것으로 받아들이지 말 것을 주문한다. 그리고 '분해의 규칙'에서는 검토할 어려움들을 각각 잘 해결할 수 있도록 가능한 한 작은 부분으로 분해할 것을, '합성의 규칙'에서는 가장 단순하고 가장 알기 쉬운 대상에서 출발하여 단계적으로 가장 복잡한 것의 인식에까지 도달할 것을, '열거의 규칙'에서는 아무것도 빠뜨리지 않았다는 확신이 들 정도로 완벽한 열거와 전반적인 검사를 어디서나 행할 것을 요구한다.

이성과 자유 ——

이성과 자유의 힘을 가장 잘 보여준 철학자는 칸트다. 칸트는 이성을 잘 벼려진 칼처럼 사용하기 위해 철두철미하게 단련했다. 그럼으로써 이성의 능력을 극대화했다. 불후의 명작 《순수이성비판》은 그 목적으로 쓴 책이다. 이성은 경험적 인식을 관장하는 감성과 개개의 판단을 관장하는 오성을 통합한 종합적 사유의 능력이다. 복잡한 상황을 추리하고, 미래를 예측하는 능력은 이성의 영역에 속한다. 감성을 통해 대상을 인식하고, 그 인식한 것을 오성으로 범주(카테고리)를 만들고, 이 카테고리를 인간에게 고유한 이성적 능력으로 종합적으로 분석, 판단, 예측하는 것이 사유의 세계다.

칸트는 경험하지 않은 것은 인식의 대상이 될 수 없다고 한 로크의 경험론과 현상적인 경험세계와 무관하게 선험적 영역에 머물고 있는 플라톤의 관념론을 통합해낸 최초의 철학자다. 칸트에 이르러 사유는 자유라는 무한한 가치를 획득했다. 인간의 사유는 주어진 대상에 대한 수동적 반응에 그치는 것이 아니라 적극적이고 능동적인 주체적 이성의 활동으로 다시 태어났다. 칸트에 의하면 이는 철학에서의 코페르니쿠스적 전환이다.

노동과 연대 ──

결핍된 상태로부터 벗어나기 위해 나는 무엇을 해야 하는가? 사유로써 이성과 자유의 힘을 확장하는 노력과 더불어 행위로써 나는 노동을 하고 연대를 구축해야 한다. 나에게 결핍된 것을 보충하고, 대체하고, 다른 생물 종에 대한 경쟁력을 강화하기 위해서는 우선 노동을 해야 한다. 노동은 자연과 다른 생물 종을 통제하고, 변화시키고, 나를 세상에 드러낼 수 있는 유일한 수단이다. 노동을 하지 않고는 그 어떠한 생성도 불가능하며 생존 그 자체도 위협받을 수 있다.

카를 마르크스는 《자본론》에서 이 과정을 과학적이고 체계적으로 잘 설명하고 있다. 마르크스에 따르면 세상을 변화시키는 힘의 원천은 노동이고, 노동을 통해 만들어지는 잉여가치를 통해 인간은 사회를 발전시키고, 역사를 끌어간다. 마르크스는 자본의 작용성과 노동의 활동성을 분리해서 인식하지 않았다. 노동과 자본은 동전의 양면처럼 서로 공존, 협력, 연대하면서 세상을 변화시켜 나간다. 마르크스가 저서의 이름을 노동이라고 하지 않고 자본이라고 붙인 것도 그 때문이다. 연대는 노동과 자본의 협력관계를 넘어 국가와 시민사회, 개인과 개인, 시장과 국가, 가계와 기업 등으로 확대된다. 이러한 연대의 네트워크가 강화될수록 결핍존재로서의 나의 약점은 더욱 더 효과적으로 지양된다.

세계개방성 ——

겔렌이라는 철학자는 결핍존재를 탈피하는 인간의 조건을 '세계개방성'이라는 용어로 설명하고 있다. 겔렌도 헤르더나 셀러와 비슷한 생각을 갖고 있다. 겔렌에 의하면 모든 동물은 각각의 종에 특유한 생래적 본능에 의해 특정한 환경에 궁극적으로 고착되어 있다. 즉 동물의 지각과 행태, 동물의 활동은 이 환경에 전적으로 적응되어 있다. 이러한 고정된 틀 내에서 동물들은 한 치의 오차도 없이 행동한다. 이에 비해 결핍존재로서의 인간은 태어날 때부터 감각기능과 신체적 무기 및 방어기재가 약하고 본능도 거의 존재하지 않기 때문에 순전히 자연적인 환경에서는 결코 살아갈 수 없다.

하지만 그 대신 인간에게는 본능적으로 고정되어 있지 않고 특정한 환경구조에 제한되어 있지도 않은 지각능력과 학습능력이 있다. 겔렌은 이를 '세계개방성'이라고 표현하고 있다. 이러한 세계개방성의 결과 인간은 계획적이고, 협업적인 행위에 의해 자신과 대립하는 외적 자연을 변화시켜 그 안에서 살 수 있는 여건을 마련한다. 인간의 목적을 위해 계획적으로 변화된 자연을 우리는 문화라고 부른다. 결핍존재인 인간이 자신의 한계를 극복하고 만들어낸 역사적 성과물, 결과물이 바로 문화인 셈이다.

불안존재 ——

'나는 누구인가?'라는 인문학적 물음에 답하기 위해 우리가 빌려오는 철학의 두 번째 틀은 실존주의자들의 것이다. 키르케고르, 카를 야스퍼스, 사르트르로 대표되는 실존주의는 인간의 본질을 불안한 것으로 간주한다. 실존주의자들에 의하면 나는 고독하고, 외롭고, 불안하다. 무언가에 늘 쫓기는 것 같고, 소외된 것 같고, 누군가 나를 헤칠 것 같은 강박관념에 사로잡혀 있는 존재가 바로 나다. 그렇기 때문에 세상은 부조리한 영역이며, 나와 소통이 제대로 되지 않는 격리된 공간이다. 상식이 왜곡되고, 정상이 비정상이 되는 비틀린 곳이다. 사르트르에 의하면 이러한 상황은 구역질나는 거짓투성이의 세상이다. 프란츠 카프카에게는 상식적인 인간이 도저히 뛰어넘을 수 없는 벽이고, 알베르 카뮈에게는 선량한 인간을 늘 이방인 취급하는 낯선 세상이다.

　불안은 존재의 너울이다. 바닷물에 파도가 내재되어 있듯이 인간의 본질에는 불안이 내재되어 있다. 불안은 나의 내면에 꼭꼭 숨겨져 있어 육안으로 잘 보이지는 않지만 무시로 툭툭 튀어나와 나라는 존재의 실존적 모습을 드러낸다. 이러한 불안은 일상적으로 인간을 구속하는 존재양식이다. 불안은 밤에 잠을 자다가 꿈으로 나타날 수도 있고, 밥을 먹다가 체해서 질병의 형태로 나타날 수도 있다. 불안은 때때로 자신의 목숨을 스스로 끊는 극단적 현상으로 나타나기도 한다. 현실에 대한 불안이 미래에 대한 불안과 겹칠 경우 사회적 갈등이 심화되고 정치적 불안정이 야기될 수도 있다.

결단과 행동 ——

인간의 실존적 한계를 극복하기 위한 수단은 도덕적 자기 결단과 사회 변혁에 대한 역사적 행동으로 나타난다. 결단의 형태는 키르케고르처럼 종교적인 색채로 나타날 수도 있고, 사르트르처럼 정치적 색채로 나타날 수도 있다. 나를 괴롭히고 불안하게 하는 원인 물질, 원인 요소를 제거하는 것이 불안존재의 한계를 벗어나는 근본적인 해결책이다.

인간은 도덕적, 종교적 결단으로 그것을 끊어버릴 수 있다. 프란츠 카프카와 알베르 카뮈는 신체적 처형의 수용이라는 극적인 형태만이 한계상황을 돌파할 수 있는 유일한 수단임을 강조하고 있다. 그러나 개인적 차원의 결단만으로는 불안의 원인을 근본적으로 제거할 수 없다. 나의 결단과 세상을 함께 변화시켜야 원인이 근본적으로 제거된다. 알베르 카뮈나 사르트르가 정치적 행동에 적극적으로 나선 것은 그러한 이유 때문이었다. 실존적 자각에 이르면 나는 나 혼자서는 결코 행복할 수 없다는 사실을 깨닫는다. 나는 관계 속의 존재이고, 사회적, 정치적, 역사적 존재다.

아리스토텔레스가 '인간은 정치적 동물'이라고 한 것도 실존철학의 그러한 맥락과 일치하는 것이며, 홉스나 루소, 로크 등과 같은 사회계약론자들이 인간이 자연상태state of nature를 벗어나기 위해 국가와 계약을 맺어 자신의 권리를 국가에 양도하거나 위임한다는 생각도 실존철학의 철학적 전제와 궤를 같이한다. 자연상태에서의 인간은 고독하고, 쓸쓸하고, 외롭고, 위험하다. 그래서 생명과 재산의 안전을 보호받지 못한다. 인간은 이러한 실존적 한계를 벗어나기 위해 국가라는 공동체를 만든다.

카뮈와 사르트르는 충실한 행동주의자이고, 자신의 철학적 신념에 투철한 인간상의 전형이다. 이들이 믿고 그대로 행동했듯이 실존은 다른 자기존재와 실존적 유대를 맺는 가운데서만 실현될 수 있다. 그러한 유대를 우리는 소통이라고 부른다. 소통은 단순한 대화나 담화, 사교적 모임, 일상적 인간관계와는 다르다. 그것이 출발일 수는 있지만 그것만으로 소통이 완성되는 것은 아니다. 타자에 대한 실존적이고 완전한 개방성이 확보될 때 진정한 소통이 가능해진다.

게임 참여자 ——

'나는 누구인가?'라는 질문에 답하기 위해 우리가 차용하는 세 번째 프레임은 '게임 참여자'라는 틀이다. 나의 일상은 게임으로 시작해서 게임으로 끝난다. 아침에 나는 시계의 자명종 소리나 스마트폰의 알람 소리에 맞춰 잠을 깬다. 자명종과 스마트폰이 말해주는 시간은 세상 모든 사람에게 공통으로 적용되는 게임의 룰이다. 그것은 우주적 규칙이고 지구적 규칙이다. 농경사회에서는 하늘의 태양과 달이 기준이 되었고, 산업사회에서는 인위적으로 제작된 시계가 그 기준으로 대체되었다. 일터라는 나의 공간을 지배하고 통제하는 것은 '나인 투 식스'라는 보편적 지침이다.

정보화시대에 그 틀이 조금 변형되기는 했지만 여전히 그것은 노동하는 나를 지배하는 가장 강력한 게임의 룰이다. 그 게임에 참여하지 않고서는 세상을 살아갈 수 없다. 세상의 미아가 된다. 그것이 인간으로서 '나'라는 존재의 실존적 한계다.

게임에서 내가 자유로워지기 위해서 나는 무엇을 해야 하는가? 시간을 내가 지배하는 것이다. 시간에 쫓기고, 시간에 허덕이고, 시간에 지배되는 순간 나는 결핍존재, 불안존재를 벗어날 수 없다. 시간을 내가 자율적으로 통제하고, 생산적으로 활용함으로써 나는 그 틀에서 자유로워질 수 있다.

언어는 또 다른 게임의 영역이다. 언어에서 정하는 규칙을 준수하지 않을 경우 나는 내 의사를 표현할 수도 없고, 노동할 수도 없고, 문화를 수용할 수도 없다. 언어의 철학적 의미를 가장 먼저 체계적으로 정리한 사람은 훔볼트다. 훔볼트에 의하면, 인간은 언어를 통해서만 인간이 될 수 있다. 언어란 하나의 매체로 인간은 이를 통해 사유하고 느끼며 살아간다. 인간이 세계를 자신의 것으로 만들고 또 세계 안에서 방향을 잡아나가는 행위는 언어를 통해서 이루어진다. 훔볼트는 언어란 단순히 '기호의 체계'가 아니라 '민족정신의 외적 현상'이라고 생각했다.

랭그와 파롤 ——

언어라는 게임의 룰을 가장 실감나게 정리해준 철학자는 소쉬르다. 소쉬르는 언어를 '랭그'와 '파롤'로 구분한다. 랭그는 언어활동의 사회적인 부분으로 말하는 사람 개인이 반드시 따라야 할 '체계'이며, 파롤은 랭그가 개인에 따라 자유롭게 실현되는 '현상'이다.

　랭그와 파롤은 흔히 음악의 악보와 음악회에 비유된다. 베토벤의 운명 교향곡 악보는 딱 하나다. 언제, 어디서든 변함이 없다. 그렇지만 주빈 메타가 지휘하는 음악회와 카라얀이 지휘하는 음악회에서 연주되는 운명 교향곡은 서로 다르다. 지휘자, 연주자, 곡의 해석, 음악적 맛, 청중이 느끼는 분위기 등 모든 것이 다르다.

　랭그는 말하는 사람이 처한 저마다의 독특한 상황과는 무관하게 그 자체의 고유한 법칙에 따라 존재하면서 말하는 사람을 구속하고 있다. 말하는 사람은 오로지 자신이 속한 사회 구성원들 사이의 공통적인 약속 체계인 랭그를 배워 자신의 개별적인 상황 속에서 그것을 구체적으로 실현할 따름이다. 말하는 사람 혼자서는 그 체계를 만들어낼 수 없으며 그것을 바꿀 수도 없다. 말하는 사람은 다만 자신이 속한 체계를 반복하며 재생산하기만 할 따름이다. 개인이 처한 사회·문화적 상황에 따라 다르게 나타나는 말하는 방식은 우연한 차이에 불과할 뿐 언어활동의 본질과는 아무런 관련이 없다. 그렇기 때문에 언어활동의 본질은 말하는 사람의 구체적인 발화에 있는 것이 아니라 구성요소들 사이에 서로 구분되는 차이만을 중시하는 체계 속에 있다.

시니피앙과 시니피에 ——

소쉬르는 또 언어를 시니피앙과 시니피에로 결합된 기호체계라고 말한다. 시니피앙은 기표, 시니피에는 기의를 뜻한다. 기호의 양면 중 감각으로 지각되는 소리의 측면(형식)을 기표signifiant라 하고, 감각으로 지각할 수 없는 뜻의 측면(내용)을 기의signifié라 한다. 즉 언어기호란 기표와 기의의 양면을 가진 심리적 실체로서, 인간의 의식 속에 존재하는 불가분의 결합체다. 꽃이라고 발음되는 사운드 측면이 언어의 시니피앙이고, 그것이 뜻하는 꽃이라는 사회적 약속이나 의미가 시니피에다.

X표시가 된 마스크를 상상해보자. 시위 현장에서나, 병원에서나 X라는 기호는 같이 쓰인다. 그러나 그 의미는 다르다. 시위 현장에서 X표시를 한 마스크는 침묵시위, 정치적 항의를 의미하며, 병원에서의 X표가 된 마스크는 전염 방지, 접근 금지의 의미를 나타낸다. 대학 캠퍼스에서 만났을 때 던지는 '안녕'이라는 말은 안부를 묻는 인사다. 그렇지만 장례식장에서 고인을 보고 '안녕'이라고 할 때는 영원한 이별과 슬픔을 나타낸다. 고문 현장에서 쇠몽둥이를 든 사람이 쇠사슬에 묶인 사람을 보고 '안녕'이라고 하면 그 의미는 또 달라진다.

역사적 사건으로 확대해보면 그 차이를 뚜렷하게 알 수 있다. 일

제의 식민지배라는 시니피앙은 한국이나 일본 양국에서 발음상의 차이가 있을 뿐이다. 그러나 시니피에는 천지 차이를 보인다. 한국에게 식민지배는 강탈과 억압의 잃어버린 시간이고, 일본에게는 개화와 문명이라는 발전적 시간이다. 시니피앙과 시니피에의 결합은 그 어떤 자연적 상응이 아니라 관습에 근거한다. 이 결합은 임의적이고 우연적이다. 꽃이 영어에서는 'flower'이고 일본에서는 'はな'(하나)인 것은 관습과 전통에 의한 것이다. 거기에는 필연적 요소가 개입되어 있지 않다.

책임윤리 ——

게임 참여자로서 나는 어떤 존재인가? 나는 개별적 주체이면서 동시에 사회적 존재다. 언어나 시간이라는 게임의 룰에서 일탈할 경우 나의 존재는 부정된다. 나의 말은 신뢰성이 있어야 하며, 공동체의 구성원으로서 나는 책임적 인간이어야 한다. 《논어》위령공편에 나오듯이 말하지 말아야 할 때 말을 하면 신뢰를 잃을 수 있으며, 말해야 할 때 말하지 않으면 사람을 잃는다. 말은 그만큼 천금의 무게를 갖는 것이다.

나의 존재는 말을 통해 드러나고, 말을 통해 성취되고, 말을 통해 변한다. 공동체의 안녕과 번영을 위해 나는 역사적, 사회적 책임을 다해야 하는 인간이며, 내가 인간다울 수 있는 것은 그 책무를 다함으로써 달성된다. 정치적 선택이 필요할 때는 투표를 통해 나의 의지를 드러내야 하며, 변혁의 목소리를 내야 할 때는 메시지를 적극적으로 선포할 수도 있어야 한다. 잠자는 자의 권리는 보호되지 않듯이 말이 필요하고, 행동이 필요한 순간에도 가만히 침묵하기만 하면 나의 실존적 상황은 변하지 않는다.

'나는 결핍존재이고, 불안존재인 동시에 게임 참여자다. 나는 나의 삶과 공동체의 발전을 위해 주체적으로 결단하고, 행동하고, 참여하고, 노동하는 능동적이고 적극적인 존재다. 나는 노동과 연대, 참여를 통해 결핍존재로서, 불안존재로서 나의 약점을 극복해 나간다.' 이것이 '나는 누구인가?'라는 질문에 대해 인문학이 주는 답이다.

제6강

내 인생의 역사

청춘은 왜 피로한가? ——

34334, 30233, 22321, 41332, 34342, 44342, 31432, 30342, 42234,

44444, 22123, 30233, 10112, 31222, 33233, 23320, 11234, 32222,

44111, 34432, 22312, 23323, 44323, 44444, 20113, 11421, 34443,

23120, 31233, 43344, 33320, 42443, 31444, 22323, 44343, 30222,

23232, 24222, 23311, 40444, 42443, 43344, 23332, 41432, 20233,

22222, 10000, 32233, 20124, 40430, 40442, 33340, 21231, 32233,

31410, 12423, 30333, 44344, 43444, 31234, 32333, 20224

　

난수표가 아니라 인문학강좌를 수강하는 학생들의 행복지수를 조
사한 것이다. 평균을 내보니 5점 척도 기준으로 2.34점, 100점 만점
으로 환산하면 59점이다. 우리나라 일반 국민의 행복지수 59.8과 거

의 일치한다.

　항목별로 보면 두 번째 항목의 점수가 100점 만점에 25점으로 특히 낮다. 두 번째 항목은 "저녁에 하루의 피로는 잘 풀었는가?"라는 질문이다. 피로는 육체적 피로, 정신적 피로 모두가 포함된 개념이다.

　첫 번째 질문인 "어제 하루 충분히 웃었는가?"라는 질문의 점수는 71점, "나는 존중받았는가?"라는 세 번째 질문의 점수는 68점, "상당 시간을 즐거운 감정으로 보냈는가?"라는 네 번째 질문의 점수는 69점, "무언가 흥미로운 일을 하거나 배웠는가?"라는 다섯 번째 질문의 점수는 60점이다. 웃음, 존중, 즐거운 감정, 일과 배움의 보람과 같은 네 개 항목의 점수는 60점에서 71점 사이에 분포되어 있는데 피로의 해소 여부를 묻는 항목의 점수는 평균치가 25점에 불과하다. 청춘의 특성을 감안하더라도 너무 낮은 점수다. 최하점수인 0점으로 답한 학생의 숫자도 62명 가운데 14명이나 된다. 0점이면 만성피로에 시달린다는 뜻이다. 저녁에 집에 들어오면 거의 파김치가 되어 쓰러지는 수준이다. 왜 이렇게 청춘은 피로할까?

미래에 대한 불안감 ──

여러 가지 이유가 있겠지만 근본적인 요인은 미래에 대한 불안감이다. 높은 벽이 청춘의 앞날을 가로막고 있다. 바늘구멍 같은 취업문을 뚫기 위한 경쟁은 점점 더 치열해진다. 취업에 필요한 스펙 세트는 갈수록 늘어난다. 학벌, 학점, 토익, 어학연수, 자격증 등의 5종 세트는 옛말이다. 여기에다 공모전 입상과 인턴 경력까지 포함된 7종 세트로 늘어나더니 요즘에는 성형수술과 사회봉사까지 포함된 9종 세트가 대세다.

취직을 하는데 성형수술까지 해야 한다니 참으로 씁쓸한 현실이다. 더욱더 기막힌 것은 성형 부위가 갈수록 늘어난다는 사실이다. 눈, 코, 입, 가슴 등 신체의 주요 부위가 모두 다 성형의 대상이다. 여자들만 성형을 하는 게 아니다. 남자들도 양악수술은 기본이다. 성형외과 의사들의 마케팅 전략도 한몫하고 있지만 무한 경쟁사회가 이러한 수요를 스스로 만들어낸다는 데 문제의 심각성이 있다. 청춘을 피로하게 만드는 것은 스펙 신공만이 아니다. 여기에 더해 청춘들은 알바 전선으로 내몰린다. 학비, 책값, 용돈을 벌기 위해 뛰어야 하는 알바도 청춘들의 피로를 가중시키는 주요한 요인으로 작용한다.

취업만 하만 청춘의 피로는 없어지는가? 아니다. 가까스로 취업의 좁은 문을 통과해도 결혼, 출산, 노후대책 등 또 다른 과제가 산더미처럼 놓여 있다. 현실은 바쁘고 힘들다. 미래는 더 암울한 먹구름이다. 이런 상황에서 어느 청춘인들 피로하지 않을 수 있을까?

피로를 푸는 청춘의 묘약 ——

청춘의 피로를 완전히 제거할 수 있는 묘약은 없다. 경쟁사회를 떠나서 혼자서는 살 수 없기 때문이다. 그러나 피로를 관리하고 줄일 수 있는 묘약은 있다. 내 인생의 역사를 스스로 써나가는 것이다.

스펙 7종 세트, 9종 세트는 남이 써주는 역사에 필요한 준비물이다. 어학연수를 다녀오지 않아도, 성형수술을 하지 않아도 성공할수 있게 내 인생의 역사를 주체적으로 써나가면 피로를 줄일 수 있다. 다른 요인들도 전략적으로 잘 관리하면 피로는 더 많이 줄일 수있다.

내 인생의 역사를 쓰는 가장 좋은 방법은 끊임없이 자신과 대화하는 것이다. 틈틈이 책을 읽고, 글을 쓰면서 나를 돌아보고, 생각을 정리하다 보면 세상의 흐름을 잘 이해할 수 있게 되고, 타인과의공감능력을 키울 수 있게 된다. 그러면 성공의 길이 보인다. 성형수술할 비용으로 책을 사서 읽으면 백 배는 더 좋은 자신의 역사를 쓸수 있다. 남들에 의지해서, 남들의 기준에 맞추어서, 남들이 하는대로 따라 하는 인생의 역사를 쓰려면 스펙 세트가 필수불가결한요소다. 그렇지만 내 인생의 역사를 내 스스로 쓰겠다는 주체적 의식을 가지고 있으면 그런 스펙 세트는 필요 없다. 내 마음의 무기만있으면 된다.

의존적인 자세에서 탈피하는 순간 더 넓은 세상이 열린다. 그래서 고은 시인은 〈순간의 꽃〉이라는 시에서 이렇게 쓰고 있다. "노를 젓다가 노를 놓쳤다. 비로소 넓은 물을 돌아보았다." 스펙은 시에서 말하는 노에 해당한다. 노에 의존하면 노 주변의 가까운 물밖에 볼 수 없지만 노를 내려놓는 순간 바다 전체를 조망할 수 있는시야를 갖게 된다. 스펙에 의존하다 보면 스펙이 없으면 아무것도할 수 없는 것처럼 느껴지지만 막상 스펙에서 자유로워지면 더 넓은 나만의 길이 분명히 보인다. 스펙의 또 다른 맹점은 그 종류가 앞으로 더 늘어난다는 사실이다. 9종이 11종이 되고, 다시 13종이 될 것이다. 인생을 주체적으로 설계하지 못하면 스펙의 수렁에 더 깊이 빠져 허우적댈 수밖에 없다.

○○○와 함께한 나의 20년 ──

오늘 내가 하는 일은 내일이 되면 나의 역사가 된다. 지금부터 20년 간 내가 하는 일은 20년 후 나의 역사가 된다. 후회는 앞서는 법이 없다. 지금 시점에서 20년 후 자신의 모습을 상상하는 것은 내 인생의 역사를 스스로 써나가기 위한 의미 있는 작업이다. 자신과의 대화를 통해 자신의 역사를 준비하는 엄숙한 의식이다. 20년 후 내 인생을 뒤돌아볼 때 후회를 남기지 않기 위해서는 지금부터 마음을 가다듬고 준비해야 한다.

'○○○와 함께한 나의 20년'이라는 주제로 에세이를 한번 써보자. ○○○은 나의 전공이어도 좋고, 내가 사랑하는 사람, 내가 좋아하는 취미, 혹은 일이라도 좋다. 이것은 자기 자신의 역사에 대한 사전事前 기록이다. 20년간의 내 역사를 보람된 것으로 만들기 위해 나는 무엇을 해야 하고, 무엇을 버려야 하는지 곰곰이 생각해볼 수 있는 기회다. '그때 내가 조금만 더 참았더라면', '그 시절 내 친구와 그렇게 다투지만 않았더라면', '부모님의 충고를 조금만 귀담아 들었더라면' 내 자신의 역사가 부정적인 메시지로 덮이지 않기 위해서 지금 내가 해야 할 일은 무엇일까? 나 자신과의 끊임없는 대화를 통해 그 숙제에 대한 해답을 발견할 수 있다.

E. H. 카Carr라는 역사학자가 '역사란 과거와 현재의 끊임없는 대화'라고 할 때 그 대화는 나 자신과의 대화에서부터 시작된다. 나의 역사가 모여서 내 집안의 역사가 되고, 내 집안의 역사가 모여서 공동체와 국가의 역사, 세계의 역사, 인류의 역사가 된다.

승자의 역사와 패자의 역사 ——

역사에는 승자와 패자가 있다. 우리가 역사를 배우는 까닭은 승자의 역사를 통해 승리의 비결을 배우고, 패자의 역사를 통해 패배의 원인을 살피는 것이다. 과거의 역사에서 어떤 교훈을 얻을 수 있는지 현재 시점에서 끊임없이 살펴보고, 분석해보고, 그를 통해 미래를 준비하는 것이 역사를 배우는 목적이다. 간단하게 말하면 역사란 실패를 되풀이하지 않기 위한 공부다. 역사를 제대로 기억하는 사람은 승리의 역사를 되풀이하고 역사를 제대로 기억하지 못하는 사람은 실패한 역사를 되풀이한다.

내 인생의 역사를 승자의 역사로 만들고 싶은가? 부지런히 역사를 배우고, 익히고, 기억하라. 동양과 서양의 역사를 비교해서 살피고, 고대사, 근대사, 현대사를 구분해서 익히고, 미래학자들의 말도 경청하는 습관을 길러라. 그러면 역사의 실패를 줄이고, 성공한 인생의 역사를 쓸 수 있는 가능성은 그만큼 높아진다.

로마의 길과 만리장성 ——

내 인생의 역사를 쓸 때 주의해야 할 점 가운데 하나는 내 역사를 폐쇄적인 것이 아니라 개방적인 것으로 만들라는 사실이다. 그것이 인생을 흥하게 하는 지름길이다. 반대로 하면 망하는 길이 된다. 로마의 역사와 중국의 역사에서 우리는 그 의미를 잘 깨우칠 수 있다.

모든 길은 로마로 통한다는 말이 있듯이 로마의 역사는 개방의 역사였다. 건국 초기부터 이웃과 공존하려는 자세로 개방적 역사를 만들어나갔다. 로마 도심을 형성하는 일곱 개 언덕도 이민족을 포용한 역사의 결과물이다. 건국 초기 로마의 주변에는 에트루리아와 그리스라는 양 강대국이 자리를 잡고 있었다. 그리고 로마에는 특별히 내세울 만한 게 없었다. 자연환경과 인문환경 모두 열악했다. 그렇지만 로마는 그러한 악조건 속에서 차근차근 세력을 키워 마침내 지중해의 주인공이 되었다.

로마를 건국한 로물루스는 사비니 족과 치열한 전투를 벌였다. 승세가 로마 쪽으로 기울자 로물루스는 사비니 족에게 한 가지 제안을 했다. 사비니 부족 전체가 로마로 이주해서 자신들의 부족과 공존하면서 평화롭게 살자는 제안이었다. 이를 위해서 로물루스는 로마의 일곱 언덕 가운데 하나를 사비니 족의 삶터로 제공하겠다고 했다. 사비니 족은 이 제안을 받아들였다. 이처럼 로마의 역사는 처음부터 개방의 역사로 출발했다.

플루타르코스는 《플루타르크 영웅전》에서 '패자조차도 자기들에게 동화시키는 이 방식만큼 로마의 강대화에 기여한 것은 없다'

고 했다. 로물루스가 시작한 개방의 역사는 이후에도 계속되었다. 로마의 제3대 왕인 툴루스는 알바롱가를 정복한 후 이들을 끌어안았다. 단순한 포용이 아니라 원로원 의석까지 제공하면서 정치적 동화를 시도했다. 율리우스 카이사르도 알바롱가 출신이다. 툴루스 왕의 포용정책이 없었으면 로마의 역사에서 카이사르도 등장할 수 없었던 것이다. 로마의 이러한 정책은 로마가 성장하는 데 큰 역할을 했다. 이민족에게 먼저 로마 시민과 동등한 권리를 부여함으로써 로마의 인구가 증가했으며, 이것은 국력의 신장과 직결되었다. 세금이 늘어났으며, 특히 군사력 증강에 크게 기여함으로써 로마가 지중해를 제패하는 밑거름이 되었다.

개방의 역사는 그 후에 더 확대되었으며, 이것이 로마제국의 밑거름이 되었다. 로마는 도시의 공간적 한계를 뛰어넘어 이탈리아 전 지역으로 공동체를 개방했다. 기원전 90년에 제정된 율리우스 시민권법이 바로 그 주역이다. 이 법에 따라서 로마는 북쪽의 루비콘 강에서 남쪽의 메시나 해협에 이르기까지 모든 자유민에게 로마의 시민권을 부여했다. 로마인들은 인종과 민족이 달라도 함께 살아가기 위한 법률을 정비했다. 로마 세계는 마침내 광대한 지역에서 민주적인 통치체제를 실현했다. 그것은 과거의 그리스 도시국가를 확대한 것이라 해도 좋다. 지도층은 시민들 가운데 재능이 풍부한 사람들로 구성되어 있고, 그들의 출신지는 모든 속주에 골고루 퍼져 있기 때문에 제국 전역에서 모인 인재들이 제국 전역을 통치하는 셈이다. 로마는 만인에게 문호를 개방했다. 그래서 다민족, 다문화, 다종교가 공존 공생하는 로마 세계는 그곳에 사는 모든 사람이 각 분야에서 제각기 맡은 일에 전념할 수 있는 사회를 만들었다.

시오노 나나미가 《로마인 이야기》에서 말하고 있듯이 로마 문명이 중국 문명이나 이집트 문명과 구분되는 기준은 바로 '개방과 폐쇄'에 있다. 로마는 개방을 통해 역사상 가장 위대한 제국을 건설했다. 중국이 만리장성을 쌓아 이민족과의 차별을 강조한 반면 로마는 8만 5000킬로미터에 이르는 가도街道를 만들어 국가와 문명을 개방했다. 로마의 가도는 공존과 소통의 주요한 수단이었다. 그것은 사람의 혈관과 같은 것이었다. 이집트의 피라미드는 권력자 한 사람의 내세를 위한 것이었지만 로마의 가도는 모든 사람의 현세를 위한 것이었다.

한반도의 로마, 고려왕조 ──

신라에 이어 두 번째로 한반도를 통일한 나라는 고려였다. 고려는 신라와는 달리 통일 과정에서 외세에 의존하지 않고 자주적으로 통일을 달성했다. 고려의 역사에서 우리가 눈여겨봐야 할 대목 가운데 하나가 개방정책이다. 고려는 국가로서의 자주성과 주체성을 유지하면서도 국제사회와 적극적으로 소통하면서 국력을 키워나갔다.

고려는 인재를 등용함에 있어 능력 제일주의를 내세웠다. 국적도 불문했다. 이것은 오늘날의 기준으로 보더라도 혁신적인 인사정책이었다. 광종 때 후주에서 귀화한 쌍기는 고려에 과거제도를 소개한 후 고위직에 올랐다. 아들을 따라 귀화한 아버지 쌍철은 고려의 재상까지 지냈다. 이밖에도 외국인으로서 조선의 고위직에 등용되어 활약한 사람이 약 40명에 이르렀다. 그들의 국적은 거란, 몽고, 베트남, 일본 등으로 다양했으며 심지어는 이슬람에서 귀화한 사람도 있었다. 일반인에게도 고려는 문호를 적극적으로 개방했다. 고려에 귀화해서 새로운 한국 성姓의 시조가 된 사람은 무려 200여 명에 달했다. 해풍 장씨, 연안 인씨, 거창 신씨, 경주 설씨 등은 이 무렵 건너온 대표적인 인터내셔널 패밀리다.

한국은 천 년 전부터 이미 다문화 사회다. 국제화는 최근의 현상이 아니라 고려시대 때부터 시작된 것이다. 다원주의 사회는 이념적, 인종적, 종교적으로 차이가 나는 실재들이 각자의 차이를 인정하면서 서로 공존하는 체제를 말한다. 그런 점에서 고려는 일찌감치 다원화된 사회였다. 고려는 불교, 유교, 도교, 풍수지리, 민간신앙 등 사상적, 종교적 다양성을 용인하면서 그것을 팔관회와 같은 국가적인 의례질서로 통합했다. 다원사회의 또 다른 특성은 사회경제적 개방성과 역동성이다.

고려의 수도 개경의 벽란도를 비롯한 서해안 일대는 당시 동아시아 국제무역의 허브였다. 송, 거란, 여진 사람뿐만 아니라 멀리 아라비아 상인까지 이곳에 와서 무역을 했다. 외국인들이 우리나라를 부를 때 사용하는 '코리아korea'라는 이름은 이때 생긴 것이다. 코리아는 고려 왕조가 대외무역을 적극적으로 장려하는 개방적인 자세를 취했기 때문에 생긴 자랑스러운 이름이다. 이러한 개방성은 고려의 국력을 융성하게 만든 원동력이 되었다. 축적된 경제력이 있었기에 고려의 문화도 활짝 꽃필 수 있었다. 뿐만 아니라 이러한 자유주의는 경제적으로 부를 축적한 신흥 세력을 키웠으며, 이로 인해 고려 사회는 신분 이동이 활발한 역동적인 사회로 변모할 수 있었다.

도전과 응전 ——

인생의 역사를 써나가는 데 있어 또 하나 기억해야 할 중요한 포인트는 도전과 응전의 원리다. 아널드 토인비가 《역사의 연구》라는 책에서 말했듯이 인류 역사는 도전과 응전의 기록이다. 화려한 문명의 꽃을 피운 지역의 공통점은 모두 사계절의 순환이 일어나는 곳이다. 일 년 내내 따뜻한 지역이 아니라 추위와 더위가 번갈아 가면서 나타나는 지역에서 문명이 융성했다는 것이다.

이 공식을 인생의 역사에 대입해보면 늘 봄 같은 평탄한 조건의 삶보다는 굴곡 있는 삶을 살아가는 사람이 성공할 가능성이 더 높다는 것이다. 굴곡이 없으면 길들여지고, 그러다 보면 게을러지고, 도전의식이 사라진다. 서커스 무대의 코끼리는 가는 줄로 메어놓아도 사고를 일으키지 않는다. 코끼리가 도망갈 시도를 하지 않기 때문이다. 강한 줄로 묶였을 때 몇 차례 시도해보다가 실패하게 되면 그다음부터는 아예 도망갈 생각을 하지 않는다는 것이다.

《사기》를 쓴 사마천의 인생역정이 대표적인 케이스다. 사마천의 집안은 대대로 역사를 기록하는 사관史官이었다. 사마천도 아버지

사마담의 뒤를 이어 역사를 기록하는 태사령이라는 벼슬에 올랐다. 그런데 사마천의 나이가 마흔쯤 되었을 무렵 전쟁에 나가서 패하고 돌아온 이릉이라는 장수가 있었는데 사마천은 이 장수가 평소에 성실하고 애국심이 뛰어나므로 용서해주어야 한다고 주장했다. 이 때문에 사마천은 반역죄로 몰려 사형판결을 받았다. 사형판결을 회피하는 방법은 두 가지가 있었는데 돈을 50만 전 내거나 궁형을 당하는 거였다. 궁형이란 남자의 생식기를 제거하는 것이었는데 돈이 없는 사마천은 궁형을 선택해서 사형을 면했다.

궁형을 당한 후 사마천은 감옥에서 인간사의 허망함을 기록으로 남기는 작업에 착수했다. 그리고 그 후 사마천은 사면령을 받아 다시 중서령이라는 벼슬에 올랐다. 중서령은 왕의 비서실장 격인 자리였는데 궁궐에 출입해야 하기 때문에 거세된 남자만이 맡을 수 있는 자리였다. 중서령 자리에 오른 후 사마천은 인류의 역사에서 가장 위대한 저작 가운데 하나로 손꼽히는 《사기》를 남기고 세상을 떠났다. 남자의 생명과도 같은 생식기를 거세당하는 도전에 사마천이 좌절했더라면 인류는 큰 역사의 별을 잃어버렸을 것이다.

기다림의 미학 ——

인생의 역사를 망치는 요인 중 하나는 조급증이다. 당장에 성과가 나지 않는다고 초조해하면서 방향을 자꾸 바꾸다 보면 내 인생의 역사는 죽도 밥도 안 된다. 프로야구 삼성 구단의 류중일 감독은 2011년 부임한 이래 기다림의 미학으로 리그 4연패, 한국시리즈

4연패라는 금자탑을 달성했다.

팀이 중하위권으로 처지는 상황에서도 류 감독은 조급하게 서두르지 않았다. 부상 선수가 컨디션을 완전하게 회복할 때까지 기다릴 줄 알았다. 꾸준히 기다리면서 팀 전력을 극대화하는 방법과 시기를 조절했다. 단기적인 성과에 매몰되어 부상에서 완쾌되지 않은 선수를 전력으로 활용하는 무리수를 뒀더라면 그러한 성과를 낼 수 없었을 것이다.

역사에도 이러한 교훈은 많다. 《초한지》의 주인공 유방의 경우가 대표적이다. 유방은 초나라의 항우에 비해 여러 가지 면에서 뒤떨어졌다. 신체적인 조건이나 전투력, 출신 가문, 휘하의 참모들, 세력 기반 등 모든 면에서 유방은 항우에게 상대가 되지 않았다. 그러나 초나라와 한나라의 쟁패에서 최후의 승자는 항우가 아니라 유방이었다. 불같은 성격의 항우는 전형적인 직진 스타일의 장수였다. 형세가 불리해도 자신의 기백으로 돌파하기를 좋아했고 참모들을 다루는 데 있어서도 강경한 리더였다. 자신이 점령한 마을의 주민들이 마음에 들지 않는다고 수십만 명을 생매장시키기도 했다.

그러나 유방은 형세가 불리할 경우 참고 기다릴 줄 알았으며, 참모들에게도 항상 귀를 열어두었다. 가는 곳마다 민심을 먼저 살피고 궁궐을 지을 목재를 백성들의 민가를 짓는 데 양보하기도 했다. 화려한 궁궐을 지어 맛있는 마시멜로를 당장 따먹으면서 즐기고 싶은 마음이야 굴뚝같았지만 유방은 천하 통일이라는 대업을 위해 기다릴 줄 알았다. 당장의 달콤함보다는 장기적인 안목으로 성공하는 인생을 설계하라는 메시지를 전하고 있는 《마시멜로 이야기》는 비단 현대인들에게만 적용되는 것이 아니라 동서고금의 역사에서 두루 적용되는 인생의 진리다.

어떤 길을 갈 것인가?

길에는 여러 종류가 있다. 좁은 길, 넓은 길, 산길, 오솔길, 험한 길, 편한 길 등등 각양각색의 길이 있다. 어떤 길을 선택하느냐에 따라 내 인생은 달라진다. 호젓한 오솔길을 걷다보면 조금 무섭긴 하지만 영혼의 힐링을 체험할 수 있고, 험한 산길을 가면 몸은 고달프지만 뭔가를 해냈다는 짜릿한 성취감을 맛볼 수 있다.

　그래서 길은 도로road를 의미하기도 하지만 철학적인 도道, way를 뜻하기도 한다. 인간의 삶을 인생길이라고 할 때 그 길은 전자와 후자의 의미를 같이 내포하고 있다. 자연적인 수명을 기준으로 할 때 인생길은 도로road의 의미가 강하고, 세상의 풍파에 맞서 자신의 운명을 스스로 개척해나가는 프로메테우스적 관점에서 보면 후자의 의미가 강하다. '인생은 나그네길'이라는 유행가 가사의 길은 낭만적일 수도 있고, 비극적일 수도 있다. 인문학이란 다양한 메타포와 알레고리로 도로의 길road을 철학의 길way로 변환하는 작업의 일종이다.

잭 케루악의 《길 위에서》 ——

잭 케루악의 《길 위에서》는 미국 대륙을 횡단하면서 펼치는 젊은이들의 카프리치오를 그린 소설이다. 소설의 형식도, 내용도 모두 젊음의 광기 그 자체다. 잭 케루악은 이 소설에서 제2차 세계대전 이후 길을 잃고 방황하는 비트 세대들의 낭만과 열정, 자유를 마음껏 노래했다. 비트 세대란 전후 자본주의 질서와 기성세대들의 가치관을 부정하고 재즈와 같은 자유로운 문화를 추구하는 세대를 일컫는 말이다. 소설의 주인공 샐 파라다이스는 잭 케루악 자신의 모습이다. 잭 케루악은 대표적인 비트 세대다. 잭 케루악은 제2차 세계대전에 직접 참전했으며, 참전 용사들에게 지급되는 군인연금을 가지고 미국 대륙을 4차례나 횡단한다. 《길 위에서》는 잭 케루악의 자전적 체험 소설이다. 이 소설을 통해 '인생의 길'이라는 주제에 관한 인문학의 가르침을 들여다보자.

시행착오라는 기회비용 ——

《길 위에서》라는 잭 케루악의 소설에서 우리는 몇 가지 중요한 인문학적 깨달음을 얻는다. 첫째, 인생은 대체로 시행착오 속에서 성장한다는 사실이다. 샐 파라다이스가 서부를 향해 길을 떠나는 것은 1947년 7월이다. 샐 파라다이스는 출발하기 전 몇 달 동안 패터

슨에서 전국 지도를 연구하고, 서부 개척자들에 대한 책을 읽거나 플랫 앤 시머론 같은 지명을 음미하기도 한다. 길을 떠나기 전에 나름대로 철저하게 준비를 한 것이다. 그러나 파파다이스의 준비는 길 위에서의 준비가 아니라 책상 위에서의 준비였다.

이론과 현실 사이에는 큰 갭이 존재한다. 파파다이스는 빨간 선으로 표시된 6번 도로만 따라가면 로스앤젤레스에 닿을 수 있다는 막연한 생각으로 길을 나서지만 돈과 시간만 낭비하고 다시 뉴욕으로 돌아온다. 그때의 심정을 파파다이스는 이렇게 말한다. "내 꿈은 완전히 산산조각 났다. 다양한 길과 수단을 시도하는 대신 미국을 가로지르는 거대한 빨간 선 하나만 따라가면 된다는 발상은 뜨뜻한 방구석에서나 가능한 바보 같은 생각이었다."

시행착오란 누구도 피해갈 수 없는 인생의 기회비용이다. 중요한 것은 포기하지 않고 전진하는 자세다. 실패를 하면서도 프로메테우스처럼 끝없이 다시 도전하는 불굴의 정신이 인간에게 아름다운 것이다. 샐 파파다이스도 포기하지 않는다. 그는 다시 길을 나선다. 이번에는 책상 위에서의 준비가 아니라 현장에서의 체험을 통한 준비를 마쳤다. 이번에는 실패하지 않는다.

돈 주고도 못 사는 산 체험 ——

길 위에서는 모든 사물을 직접 눈으로 볼 수 있다. 교실에서, 집에서, 책에서는 결코 할 수 없는 산 체험이다. 이는 돈 주고도 살 수 없는 인생의 소중한 자산이다. 산 체험은 인간을 성장시키고 삶을 풍요롭게 한다.

동부에서 서부로 히치하이크로 길을 가던 샐 파파다이스는 일리노이 주를 통과하면서 난생 처음으로 미시시피 강을 본다. 미시시피 강에 대한 첫 인상은 좋지 않다. "오랫동안 동경해 왔던 미시시피 강을 보았다. 여름 안개 속의 미시시피 강은 가물어서 수위가 낮았고 지독한 냄새가 났다. 미시시피 강은 미국의 몸을 씻어 내리는 강이니, 이건 아마도 미국의 벗은 몸 냄새가 아닐까라는 생각이 들었다."

잭 케루악이 인식하는 미국의 맨살은 더럽고 지저분하고 냄새나는 자본주의 국가다. 1876과 1884년 마크 트웨인이 발표한 《톰 소여의 모험》과 《허클베리 핀의 모험》도 배경이 미시시피 강이다. 마크 트웨인은 미시시피 강을 자유로운 정신의 메타포로 설정하고 있다. 잭 케루악의 미시시피와는 사뭇 다른 느낌이다.

특정한 사물이나 사건들에 대한 자신의 느낌, 의견, 평가는 직접적인 경험을 통해서만 얻을 수 있는 인생의 자산이다. 미시시피 강에 대한 마크 트웨인의 느낌과 잭 케루악의 느낌이 다르다는 것은 중요한 문제가 아니다. 그들이 직접 보고 얻은 것이기 때문에 그 가치는 평등하다. 중요한 것은 체험을 통한 지식의 견고함과 그것의 무한한 성장 가능성이다.

자유와 낭만 ——

샐 파파다이스는 길을 가는 도중 차에서 내려 시원한 맥주를 마시고 마을 사람들과 자유롭게 어울린다. 내 발로 내가 가는 길은 언제나 자유롭다. 내가 가고 싶은 대로 간다. 길 위에서만 누릴 수 있는 낭만이고 자유다. 마을 어디를 가나 사람들은 야구 모자, 철도 모자를 쓰고 있다. 야구 열풍, 서부 개발 열풍이 한창 불 때다. 그 시대의 사회적 특징을 직접 확인할 수 있는 것도 길 위에서의 여행이 주는 산 체험의 일종이다.

덴버에서는 로키산맥을 여행한다. 목적지는 센트럴시티다. 해발 3000미터의 센트럴시티는 한때 세상에서 가장 부유한 동네로 알려졌다. 금광이 발견되었기 때문이다. 오페라하우스가 설치될 정도였다. 그러나 그 후 유령도시로 변했다가 새롭게 단장했다. 아이오와의 평원에는 푸른 옥수수 밭이 끝없이 펼쳐진다. 샐 파라다이스는 네브래스카에서 만난 농부들에게서 서부 정신의 진수를 맛본다. 그들은 격의 없이 웃고 떠들고 마신다. "내 옆에 앉아 있는 것은 바로 서부의 정신이었던 것이다. 나는 익히지 않은 날 것 같은 그의 거친 삶 전체를, 웃고 소리치는 일 말고 그가 일평생 도대체 뭘 하며 살아왔는지를 알고 싶었다. 나는 내 영혼의 떨림을 느꼈다." 산 체험의 값어치는 영혼을 울릴 정도로 강렬한 것이다.

만남과 헤어짐의 교차로 ——

샐 파라다이스는 히치하이크한 카우보이의 차에 같이 탔던 에디라는 녀석이 추워서 떨자 자신의 스웨터를 준다. 에디는 그걸 가지고 훌쩍 떠나버린다. 그것이 길 위에서의 인생이다. 갈림길에서는 동석했던 히치하이크 친구들과 어김없이 헤어진다. 이별은 언제나 슬프다. 그러나 그것이 인생이다. "그들과 헤어지는 건 슬픈 일이었다. 나는 그들 중 어느 누구와도 다시는 만날 수 없으리라는 사실을 깨달았다. 하지만 산다는 게 다 그런 것 아닌가."

　그러나 인생에는 이별만 있는 것이 아니다. 새로운 만남도 있다. 인생길은 만남과 이별의 교차로다. 샐 파파다이스는 샌프란시스코에서 LA행 버스를 타고 가다가 테리라는 멕시코 여자를 만나 사랑을 나누면서 동행한다. 테리는 걸핏하면 폭력을 휘두르는 남편에게서 도망쳐 여동생이 있는 LA로 가는 중이다. 테리의 가족들은 낙천적이고 낭만적이다. "테리의 오빠들이 스페인어로 아름다운 요들송을 부르고 있었다. 조그마한 지붕 위로는 별들이 굽어보고 있고, 스토브에 달린 연통에서는 연기가 피어오르고 있었다. 어디선가 으깬 콩과 칠리 냄새가 솔솔 풍겨 나왔다. 아이들은 침실에서 깔깔대고 있었다. 전형적인 캘리포니아 가정의 모습이었다. 나는 포도 덩굴 속에 몸을 숨긴 채 이 모든 걸 열심히 지켜봤다." 그 순간 파파다이스는 백만장자라도 된 것처럼 기분이 좋아진다. 잭 케루악의 말처럼 인생에서 자유의 가치는 백만장자가 가진 경제적 부, 재산에 버금간다.

자유로운 영혼, 신의 빈자리 ──

원고를 탈고해서 출판사에 넘긴 후 파파다이스는 딘과 함께 두 번째 대륙 횡단에 나선다. 이번에는 대륙의 남쪽을 훑으면서 샌프란시스코로 가는 경로다. 딘의 말을 통해 잭 케루악은 길의 의미를 다시 한 번 드러낸다. 여전히 자유의 메시지가 강하게 담겨있다. "모든 일이 잘 흘러갈 거야. 넌 도로를 벗어나지 않을 거고 난 잠을 잘 수 있을 거야. 게다가 우린 미국을 잘 알아. 여긴 우리의 고향이라고. 나는 미국의 어디든 갈 수 있고, 내가 원하는 건 뭐든 가질 수 있어. 조금 벗어나도 괜찮아. 재밌자고 그러는 건데 뭐. 인생은 한 번뿐이야. 우린 인생을 즐기고 있는 거라고. 어떤 것에도 얽매이지 않고. 어디든 가고, 하고 싶은 말은 뭐든 다 내뱉고, 적당한 때를 알고, 앞뒤로 몸을 흔들어 대는 것 외엔 아무 것도 하지 않지." 그에게 길이란 이 별에서 저 별로 바꿔가며 지쳐 쓰러질 때까지 별똥별을 쫓아다니는 것이다. 열광적으로 재즈 피아노를 연주하던 시어링이 자리를 뜨자 딘은 이렇게 말한다. "저건 신의 빈자리야." 잭 케루악에게 신은 무한한 자유를 의미한다. 인생의 길은 그 자유를 찾아 떠나는 영원한 모험이고 여행이다. 그래서 잭 케루악은 자유를 억압하는 모든 것에 비판의 소리를 높인다. 미시시피 강에 둘러쳐진 철조망을 보면서 올드 불은 이렇게 말한다. "사람들을 강으로부터 분리시켜서 도대체 뭘 얻겠다는 거지? 그래 맞아, 관료주의야!" 이렇게 외치는 그의 무릎 위에는 카프카의 책이 펼쳐져 있다. 《성》과 《소송》에서 보듯이 카프카는 관료주의를 통렬하게 비판하고 있다. 인문학은 여러 지점에서 시선이 교차한다. 폭넓은 독서는 그래서 인문학적 소양을 넓히는 지름길이다.

청춘의 길 ——

책을 팔아서 돈이 좀 들어오자 파파다이스는 네 번째 여행을 떠난다. 이번에는 동서 횡단이 아니라 뉴욕에서 덴버까지 가서 거기서 멕시코까지 남쪽으로 쭉 내려가는 경로다. 잭 케루악의 소설은 이 지점에서 철학적 의미를 명확하게 드러낸다. 그의 길은 이제 길road이 아니라 도道다. 딘과 샐 파파다이스와 대화를 보자.

"나이를 먹다 보니 문제가 늘어나고 있어. 언젠가 너와 나는 새벽녘 거리에서 비틀대면서 쓰레기 깡통이나 들여다보게 될 거야."

"결국 늙은 부랑자가 된다는 거야?"

"왜 아니겠어. 우리가 원한다면 얼마든지 그렇게 될 수 있어. 그런 것도 나쁘지 않아. 정치가나 부자 같은 다른 사람들이 뭘 바라든 상관하지 않고 계속 살아가는 거야. 아무도 방해하지 않고, 자신의 길을 나아가는 거지."

"이봐, 너의 길은 뭐야? 성인의 길, 광인의 길, 무지개의 길, 거피(송사리과의 관상용 열대 담수어)의 길, 어떤 길이라도 될 수 있어. 어디서 어떻게 할래?"

"나는 결심했어. 모든 것을 벗어던지기로 말이야. 우리는 시간이 뭔지 알아. 어떻게 천천히 나아가는지, 걷는지, 탐색하는지, 우리는 알아."

"우리는 모든 걸 버리고 새로운 미지의 국면을 향해 앞으로 가는 거야. 괴로운 일, 즐거운 일, 지금까지 여러 가지 일이 있었지. 하지만 앞으로 이렇게 하자! 다른 것들은 생각하지 말고 곧바로, 이렇게 얼굴을 내밀고, 진정한 의미에서, 다른 미국인들이 해 온 것과는 다른 식으로 세계를 이해하는 거야. 이 길은 나를 미치게 해."

잭 케루악의 소설은 멕시코에서 긴 여정이 끝나지만 샐 파파다이스의 길은 끝나지 않는다. 그는 다시 길을 떠난다. 길은 도道이고 인생이다.

연어의 길 ——

안도현의 《연어》라는 책은 수십 개국 언어로 번역될 정도로 대중의 사랑을 받고 있다. 안도현이 책에서 말하는 《연어》의 꿈과 이상, 자유의 의미를 살펴보면서 '인생의 길'이라는 주제를 한 번 더 살펴보자. 이 책은 동화의 형식을 취하고 있지만 청춘들이 읽으면 좋은 인문학 책이다. 리처드 바크가 쓴 《갈매기의 꿈》과 유사한 작품이다.

마음의 눈 ——

연어를 가장 잘 이해하기 위한 첫 번째 조건은 뭘까? 안도현은 옆에서 연어를 바라보는 것이라고 말한다. "연어를 완전히 이해하고 사랑하는 방법은, 연어를 옆에서 볼 줄 아는 눈을 갖는 것이다." 이것을 쉽게 말하면 마음의 눈을 갖는 것이라고 안도현은 말한다. 보이지 않는 것을 보고 싶어 하는 눈, 그리하여 보이지 않는 것을 볼 줄 아는 눈을 가지는 것은 연어를, 아니 인간을 사랑하기 위한 첫걸음이다. 연어를 인간으로 바꾸어보자. 《연어》는 정약전이 쓴 《자산어보》와 같은 자연과학 책이 아니라 훌륭한 인문학 서적으로 바뀐다. "인간을 완전히 이해하고 사랑하는 방법은, 인간을 옆에서 볼 줄 아는 눈을 갖는 것이다. 그리고 보이지 않는 사람의 내면을 이해할 수 있는 마음의 눈을 갖는 것이다."

몸의 비늘보다는 마음속을 봐다오 ——

《연어》의 주인공은 은빛연어다. 은빛연어는 별종이다. 다른 연어들은 검푸른 바닷물을 닮았지만 은빛연어는 온몸이 은빛 비늘로 덮여 있다. 자신의 몸이 남들과 다르다는 사실을 알고 난 후 은빛연어는 괴로워한다. 슬퍼한다. 그러나 은빛연어의 내부에 있는 또 다른 은빛연어는 이렇게 말한다. "삶이란 그래도 견뎌야 하는 것이다." 그래서 은빛연어는 연어들에게 말한다. "얘들아, 내 몸의 비늘보다 마음속을 들여다봐주렴." 그렇지만 연어들은 코웃음을 친다. "흥, 보호받는 것을 고맙게 여겨야지, 무슨 뚱딴지같은 소릴 하고 있담. 은빛연어 때문에 우리가 적에게 제일 먼저 공격을 당할지 몰라." 연어들은 자신들의 안전을 위해 은빛연어를 피한다.

나는 자유로워지고 싶다 ——

턱큰연어는 연어떼의 지도자다. 턱큰연어는 연어들의 법률이다. 턱큰연어는 은빛연어에게 명령한다. "너는 언제나 무리의 한가운데서 헤엄을 쳐야 한다. 적들의 눈에 잘 띌 위험이 있기 때문이다. 살아서 고향으로 돌아가고 싶거든 내 말을 잘 들어." 이때부터 은빛연어의 주변은 모두 연어떼라는 보호막이 둘러쳐졌다. 그것은 은빛연어에게 안전한 울타리가 아니라 캄캄한 어둠 그 자체였다. 은빛연어는 누나에게 말한다. "나는 보호받으면서 따돌림 당하는 것보다는, 보호받지 않고 자유로워지고 싶어." 누나는 눈이 휘둥그레진다. 자유라는 단어는 연어 사회에서 반항, 가출, 불복종, 저항, 파괴, 혁명과 같은 단어들처럼 금기어다. 누나는 은빛연어를 걱정 어린 눈으로 바라본다. 누나는 간섭받는 것은 사랑을 받고 있다는 증거라며 은빛연어를 다독인다. 은빛연어는 갈등한다. 자유를 찾아 울타리를 벗어나고자 하는 욕망과 그러지 말아야 한다는 내면의 소리에 은빛연어는 갈등한다.

연어의 욕망과 고래의 욕망 ——

은빛연어는 자유로워지고 싶다. 그러나 그는 주어진 현실에서 도피하고 싶은 것이 아니다. 다만 자유로워지고 싶을 뿐이다. 은빛연어가 현실을 무시하는 막연한 이상주의자인 것도 아니다. 그는 자신의 조건을 누구보다 잘 깨닫고 있는 연어다. 새우를 마음껏 먹고 싶지만 그래서는 안 된다는 사실을 누구보다 잘 알고 있기에 은빛연어는 자제한다. 연어에게는 연어의 욕망의 크기가 있고, 고래에게는 고래의 욕망의 크기가 있다는 사실을 은빛연어는 누구보다 잘 알고 있다.

연어가 강을 거슬러 오르는 이유 ——

초록강에 가까워지면서 은빛연어의 몸은 단풍잎처럼 발그레한 분홍색으로 물든다. 은빛연어의 연인인 눈맑은연어의 몸도 마찬가지다. 눈맑은연어는 말한다. "우리 몸이 붉게 변한 것은 우리가 어른이 되었다는 뜻이야. 우리는 사랑에 빠진 거야. 이제 우리는 상류에 가서 알을 낳아야 해. 그게 우리가 강물을 거슬러 올라가는 이유야." 은빛연어는 왜 연어들이 거슬러 올라가는지 그 이유가 궁금하다. 그래서 초록강에게 물어본다. 초록강은 말한다. "거슬러 오른다는 것은 지금 보이지 않는 것을 찾아간다는 뜻이야. 꿈이랄까, 희망 같은 거 말이야. 힘겹지만 아름다운 일이란다."

그러면서 초록강은 은빛연어의 아버지에 대한 이야기를 들려준다. "네 아버지는 연어 떼의 지도자였어. 모든 연어들은 네 아버지를 존경했지. 그러던 어느 날 사고가 났어. 네 아버지는 쉬운 길을 가지 않는 연어였어. 쉬운 길이란 이를테면 인간들이 연어들을 위해 만들어놓은 물길 같은 거야. 그 길로 가면 힘들이지 않고 상류로 갈 수도 있지. 하지만 네 아버지는 연어들에겐 연어들만의 길이 있다고 강조했어. 그 중 하나가 폭포였어. 네 아버지는 연어들은 반드시 폭포를 뛰어넘어야 한다고 말씀하셨지. 폭포를 뛰어넘지 않고 그 앞에서 포기하거나 인간들이 만들어놓은 물길로 편하게 오르려는 연어들에게 폭포란, 도저히 뛰어넘을 수 없는 두려운 장벽일 뿐이지. 폭포를 통과해서 상류로 가야 한다고 생각하는 아버지에게 반대파가 공격을 했지. 희생을 줄이기 위해서는 쉬운 길로 가야 한다고. 그러나 아버지는 연어들이 편한 길로 가는 것을 좋아할수록 차츰 도태된다고 주장했어. 인간들에게 서서히, 조금씩 길들여지면

홋날 폭포를 뛰어넘을 수 있는 연어는 한 마리도 남지 않게 된다는 게 네 아버지의 생각이었어."

폭포를 뛰어넘다가 많은 희생자를 낸 후 아버지는 지도자의 자리에서 물러났다고 초록강은 말했다. 은빛연어는 자긍심을 느꼈다. 동료들의 따돌림도 이제는 겁나지 않았다. 은빛연어는 눈맑은연어와 함께 폭포를 솟구쳐, 힘차게 강을 거슬러 올라갔다. 그리고 산란터에 알을 낳고 조용히 죽음을 맞았다. 연어의 죽음은 새로운 생명의 탄생이다. 새로운 꿈, 새로운 희망의 탄생이다. 강을 거슬러 올라왔기에 새 생명을, 새 희망을, 새 꿈을 만들 수 있었다.

제8강

시와 인문학

인문학의 시작과 끝 ——

시는 인문학의 시작이면서 완성이다. 시에는 세상과 나에 대한 물음, 행복, 인생설계도, 사랑, 자유 등 지금까지 우리가 살펴본 인문학의 주제가 모두 농축되어 있다. 짧은 글로써 길고, 깊고, 넓은 인문학적 깨달음을 드러내는 시인들은 가장 효율적인 인문학자들이다. 고은은 그중에서도 우뚝하다. '내려갈 때 보았네 / 올라 갈 때 보지 못한 그 꽃' 얼마나 간결한가. 딱 두 문장이다. 하지만 그 속에는 세상사에 대한 깨달음이 절절히 녹아 있다.

시 한 편의 시장가격 ——

물론 경제학적 관점에서 볼 때 시인들의 작업이 모두 효율적인 것은 아니다. 비용 대비 수익이라는 경제학의 공식을 대입할 때 시 한

편의 시장 가격은 그리 높은 편이 아니다. 휙 하고 지나가는 영감을 후다닥 한 편의 시로 탄생시키는 시인들도 있지만 대개는 혼을 쥐어짜는 고뇌와 성찰의 과정을 거친 후에야 시는 탄생한다. 시의 소재를 캐는 발품, 경험의 영역도 녹록한 품은 아니다. 예나 지금이나 시인의 길은 좁은 문이다.

함민복의 〈긍정적인 밥〉이라는 시에는 시장가격에 대한 시인의 자조적 관조가 엿보인다.

'시 한 편에 삼만 원이면 너무 박하다 싶다가도 / 쌀이 두 말인데 / 생각하면 / 금방 마음이 따뜻한 밥이 되네 // 시집 한 권에 삼천 원이면 / 든 공에 비해 헐하다 싶다가도 / 국밥이 한 그릇인데 / 내 시집이 국밥 한 그릇만큼 / 사람들 가슴을 따뜻하게 덥혀줄 수 있을까 / 생각하면 아직 멀기만 하네'

가지 않은 길 ──

시인들은 주로 가지 않은 길을 보여준다. 그 길이 특별히 다를 것은 없다. 다만 가지 않았다는 것뿐이다. 가지 않았기에 길 끝에 무엇이 있는지는 아무도 모른다. 반대편 길은 이미 알려진 길이다. 이미 누가 걸었던 길이다. 그렇기에 길 끝에 무엇이 있는지도 이미 알려져 있다.

세상이 정해주는 정답과 다른 인생을 살고 싶다면 시인의 말을 경청하라. 그 길을 바라볼 때 내 가슴이 설레면 그 길로 가라. 그러면 프로스트가 노래한 것처럼 내 인생은 달라질 것이다. '숲 속에

두 갈래 길이 있어 나는 사람들이 덜 다닌 길을 선택했다 / 그것은 내 인생의 모든 것을 달라지게 했다.'

가지 않은 길은 내가 선택한 길이기에 자유롭다. 리스크가 더 많이 따르긴 하지만 그래도 내 스스로 개척하는 길이기에 나는 자유롭다. 반면 남들이 걸어간 길은 정해준 문법과 규율, 틀이 있기에 부자유스럽다. 내 행동이, 내 사고가 제약된다. 간섭을 받지 않을 수 없다. 거기에 따르지 않으면 배제된다. 자유롭고 싶거든 시인의 말을 경청해볼 일이다.

김중식의 〈이탈한 자가 문득〉이란 시는 궤도를 이탈한 아웃사이더의 자유를 새벽별처럼 명증하게 보여준다.

'우리는 어디로 갔다가 어디서 돌아왔느냐 자기의 꼬리를 물고 뱅뱅 돌았을 뿐이다 대낮보다 찬란한 태양도 궤도를 이탈하지 못한다. 태양보다 냉철한 뭇별들도 궤도를 이탈하지 못하므로 가는 곳만 가고 아는 것만 알 뿐이다. 집도 절도 죽도 밥도 다 떨어져 빈 몸으로 돌아왔을 때 나는 보았다 단 한 번 궤도를 이탈함으로써 두 번 다시 궤도에 진입하지 못할지라도 캄캄한 하늘에 획을 긋는 별, 그 똥, 짧지만, 그래도 획을 그을 수 있는, 포기한 자 이탈한 자가 문득 자유롭다는 것을'

시와 청춘의 인문학 ——

가슴 시리도록 연애를 할 시간은 청춘의 날 밖에 없다. 세상에 대한 사랑, 자유에 대한 갈망도 마찬가지다. 세월이 흐르면 청춘의 이상은 저문 해처럼 그림자만 남기고 심연의 기억 속으로 사라진다. 해서 청춘이야 말로 가장 아름다운 인문학의 본향이다.

청춘의 김지하는 〈타는 목마름으로〉라는 시에서 이렇게 노래했다.

'신새벽 뒷골목에 / 네 이름을 쓴다 민주주의여 / 내 머리는 너를 잊은 지 오래 / 내 발길은 너를 잊은 지 너무도 너무도 오래 / 오직 한 가닥 있어 / 타는 가슴 속 목마름의 기억이 / 네 이름을 남몰래 쓴다 민주주의여. // 아직 동트지 않은 뒷골목의 어딘가 / 발자국 소리 호루락 소리 문 두드리는 소리 / 외마디 길고 긴 누군가의 비명 소리 / 신음소리 통곡소리 탄식소리 그 속에 내 가슴팍 속에 / 깊이깊이 새겨지는 네 이름 위에 / 네 이름의 외로운 눈부심 위에 / 살아오는 삶의 아픔 / 살아오는 저 푸른 자유의 추억 / 되살아오는 끌려가던 벗들의 피 묻은 얼굴 / 떨리는 손 떨리는 가슴 / 떨리는 치떨리는 노여움으로 나무판자에 / 백묵으로 서툰 솜씨로 / 쓴다. // 숨죽여 흐느끼며 / 네 이름을 남몰래 쓴다. / 타는 목마름으로 / 타는 목마름으로 / 민주주의여 만세.'

그러나 중년의 김광규는 〈희미한 옛사랑의 그림자〉라는 시에서 이렇게 노래한다.

'4.19가 나던 해 세밑 / 우리는 오후 다섯 시에 만나 / 반갑게 악수를 나누고 / 불도 없이 차가운 방에 앉아 / 하얀 입김 뿜으며 열띤 토론을 벌였다 … 그로부터 18년 오랜만에 / 우리는 모두 무엇인가 되어 / 혁명이 두려운 기성 세대가 되어 / 넥타이를 매고 다시 모였다 / 회비를 만 원씩 걷고 / 처자식들의 안부를 나누고 / 월급이 얼마인가 서로 물었다 … 우리의 옛사랑이 피 흘린 곳에 / 낯선 건물들 수상하게 들어섰고 / 플라타너스 가로수들은 여전히 제자리에 서서 / 아직도 남아 있는 몇 개의 마른 잎 흔들며 / 우리의 고개를 떨구게 했다 / 부끄럽지 않은가 / 부끄럽지 않은가 / 바람의 속삭임 귓전으로 흘리며 / 우리는 짐짓 중년기의 건강을 이야기했고 / 또 한 발짝 깊숙이 늪으로 발을 옮겼다'

　　호기심과 모든 것에 대한 욕망, 세상을 갈아엎겠다는 결기, 이러한 것들은 청춘의 특권이다. 가족에 대한 의무로 무장하게 되는 중년이 되면 청춘의 열정은 햇살에 비치는 아침 이슬처럼 슬그머니 사라져버린다. 청년기에는 누구나 김지하의 열정으로 충만하지만 중년이 되면 김광규의 시처럼 이상과 낭만은 실종되기 십상이다. 그래서 청춘이여, 다시 못 올 그대 자신만의 시간을 청춘일 때 마음껏 누려라. 시적으로 삶을 살아보고, 시인의 마음으로 세상을 품어라. 청춘의 열정이 어떤 모습인지 궁금하면 시인을 만나라. 시를 모르는 청춘은 살아있는 청춘이 아니다.

밥과 밥그릇 ──

정호승은 〈수선화에게〉라는 시집에서 이렇게 말한다. "우리는 배고플 때 밥을 먹지 밥그릇을 먹는 게 아니다. 그런데 많은 사람들이 밥그릇을 먹고 있다. 시는 밥이지 밥그릇이 아니다. 결국은 인간이라는 밥, 고통이라는 밥"

그렇다. 시의 본질은 밥그릇이 아니라 밥이다. 인문학도 마찬가지다. 문학, 역사, 철학이라는 그릇이 중요한 게 아니라 그 속에 들어 있는 밥이 중요하다. 문학에서 철학이라는 밥을 먹을 수도 있고, 역사라는 밥을 먹을 수도 있다. 문제는 밥이다. 평소에 먹어보지 않았던 밥이라 조금 낯설 수도 있다. 남들이 시키지 않은 메뉴를 선택해서 다른 사람들과 다르게 혼자서 밥을 먹을 때 외로울 수도 있다.

그러나 인생이란 어차피 외로운 것, 삶이란 고독한 것, 그때는 정호승의 〈수선화에게〉라는 시를 음미하면서 밥을 먹자. 그러면 외로움이 조금은 덜할 것이다. 실연을 했어도, 옆에 친구가 없어도, 성적표가 바닥을 쳤어도, 나는 외롭지 않을 것이다.

'울지 마라 / 외로우니까 사람이다 / 살아간다는 것은 외로움을 견디는 일이다 / 공연히 오지 않는 전화를 기다리지 마라 / 눈이 오면 눈길을 걸어가고 / 비가 오면 빗길을 걸어가라 / 갈대숲에서 가슴검은도요새도 너를 보고 있다 / 가끔은 하느님도 외로워서 눈물을 흘리신다 / 새들이 나뭇가지에 앉아 있는 것도 외로움 때문이고 / 네가 물가에 앉아 있는 것도 외로움 때문이다 / 산그림자도 외로워서 하루에 한 번씩 마을로 내려온다 / 종소리도 외로워서 울려 퍼진다'

외로워도 외로워하지 말고, 세상이 알아주지 않아도 묵묵히 나의 길을 걷다 보면 반드시 세상이 나의 이름을 꽃으로 불러주는 날이 올 것이다.

마종기의 〈바람의 말〉이라는 시에 나오는 것처럼 세상사를 지척의 자로만 재고 살 수는 없는 일이다. 30센티미터 자가 아니라 긴 줄자로 재야 할 일도 세상에는 많다. 청춘이여, 피곤해져도 잊지 말자. 아득하게 멀리서 오는 바람의 말을.

'우리가 모두 떠난 뒤 / 내 영혼이 당신 옆을 스치면 / 설마라도 봄 나뭇가지 흔드는 / 바람이라고 생각지는 마. // 나 오늘 그대 알았던 땅 그림자 한 모서리에 / 꽃나무 하나 심어 놓으려니 / 그 나무 자라서 꽃 피우면 / 우리가 알아서 얻은 모든 괴로움이 / 꽃잎 되어서 날아가 버릴 거야. // 꽃잎 되어서 날아가 버린다. / 참을 수 없게 아득하고 헛된 일이지만 / 어쩌면 세상 모든 일을 지척의 자로만 재고 살 건가. / 가끔 바람 부는 쪽으로 귀 기울이면 / 착한 당신, 피곤해져도 잊지 마, / 아득하게 멀리서 오는 바람의 말을.'

우체통이 빨간 이유 ——

청춘의 시계는 이제 겨우 새벽 5시다. 100세 시대가 보편화된다면 그 시계는 4시쯤으로 앞당겨진다. 아직 눈도 뜨지 않은 새벽, 단잠을 곤히 자고 있을 새벽이 청춘의 시계다. 그러므로 청춘에게는 조급할 이유가 전혀 없다. 어제의 피로를 말끔하게 풀고, 행복한 아침을 맞을 준비를 하면 된다. 그것이 청춘의 시계다. 쉽고, 간편하고, 빠른 SNS 대신에 손 편지를 써도 사랑이 달아나지 않을 만큼 충분한 시간이 청춘에게는 주어져 있다. 제대로 갈무리하고 우려내어 자신만의 맛과 향기를 만들 수 있는 여유가 있다.

이문재가 〈푸른곰팡이〉라는 시에서 말하는 것처럼 우체통이 왜 빨간색인지 알 수 있는 시간적 여유가 청춘에게는 충분히 주어져 있다.

'아름다운 산책은 우체국에 있었습니다 / 나에게서 그대에게로 편지는 / 사나흘을 혼자서 걸어가곤 했지요 / 그건 발효의 시간이 었댔습니다 / 가는 편지와 받아 볼 편지는 / 우리들 사이에 푸른 강을 흐르게 했고요 // 그대가 가고 난 뒤 / 나는, 우리가 잃어버린 소중한 것 가운데 / 하나가 우체국이었음을 알았습니다 / 우체통을 굳이 빨간색으로 칠한 까닭도 / 그때 알았습니다, 사람들에게 / 경고를 하기 위한 것이겠지요'

간이역을 돌아볼 여유 ——

KTX가 도입된 이후 철도교통은 혁명적 변화를 겪었다. 고급 사양의 이동 수단으로 승객들이 몰리면서 과거의 간이역들은 문을 닫거나 인근의 역사와 통폐합되는 사례가 늘어나고 있다.

사람들이 살아가는 모습도 KTX를 닮아 간다. 아침 일찍 후다닥 일어나기가 무섭게 아침밥을 먹는 둥 마는 둥 하면서 직장으로, 학교로 달려가기 바쁜 것이 현대인들이다. 그러나 인생은 속도 경쟁이 아니다. 빨리 간다고 더 행복한 것도, 더 잘사는 것도 아니다. 더러는 느림이 더 중요한 경우도 있다. 느리게 가야 주변을 찬찬히 돌아볼 수 있고, 가족과 이웃, 공동체의 소중함을 깨달을 수도 있다. 곽재구의 〈사평역에서〉를 벗 삼아 간이역을 둘러보는 것도 청춘에게는 꼭 필요한 인생시방서다.

'막차는 좀처럼 오지 않았다 / 대합실 밖에는 밤새 송이눈이 쌓이고 / 흰 보라 수수꽃 눈시린 유리창마다 / 톱밥난로가 지펴지고 있었다 / 그믐처럼 몇은 졸고 / 몇은 감기에 쿨럭이고 / 그리웠던 순간들을 생각하며 나는 / 한줌의 톱밥을 불빛 속에 던져 주었다 / 내면 깊숙이 할 말들은 가득해도 / 청색의 손바닥을 불빛 속에 적셔 두고 / 모두들 아무 말도 하지 않았다 / 산다는 것이 때론 술에 취한 듯 / 한 두름의 굴비 한 광주리의 사과를 / 만지작거리며 귀향하는 기분으로 / 침묵해야 한다는 것을 / 모두들 알고 있었다 / 오래 앓은 기침소리와 / 쓴 약 같은 입술 담배 연기 속에서 / 싸륵싸륵 눈꽃은 쌓이고 / 그래 지금은 모두들 / 눈꽃의 화음에 귀를 적신다 / 자정 넘으면 / 낯설음도 뼈아픔도 다 설원雪原인데 / 단풍잎 같은 몇 잎의 차창을 달고 / 밤열차는 또 어디로 흘러가는지 / 그리웠던 순간들을 호명하며 나는 / 한줌의 눈물을 불빛 속에 던져 주었다'

신화와 인문학

인문학의 아버지 ──

모든 인문학의 기저에는 신화가 자리 잡고 있다. 신화는 문자가 아닌 회화적 집단기억의 형태로 전승되는 원초적 역사이며, 철학적 사색의 시원始原이다. 신화만큼 풍부한 문학적 상상력을 자극하는 소재도 없다. 모든 신화는 메타포다. 그리스 로마 신화, 길가메시 신화, 기독교의 천지창조 신화, 단군신화 등 모든 신화는 인문학의 샘물이다. 음악, 미술, 연극, 영화 등 예술의 소재로 가장 많이 쓰이는 것도 신화다. 신화는 인문학의 아버지다. 신화적 상상력의 내포와 외연은 인문학적 상상력의 그것과 범주가 같다.

기억의 여신 므네모시네와 아홉 명의 뮤즈는 신화가 집단 기억의 형태로 전승된 서사적 메타포임을 잘 보여준다. 뮤즈들은 제우스가 기억의 여신 므네모시네와 9일 밤을 동침해서 낳은 자식들이다. 아홉 뮤즈들은 나팔과 물시계를 들고 다니는 영웅시英雄詩, 역사를 담당하는 클레이오, 지구의를 들고 다니는 천문시天文詩 담당 우라니아, 가면을 들고 다니면서 비극시를 담당하는 멜포메네, 웃는 가면이나 목양신 지팡이를 들고 있는 희극시 담당 탈리아, 합창 담당 텔롭시코레, 연애시와 서정시 담당 에라토, 유행가 담당 에우테르페, 늘 손가락을 입에 대고 다니는 무언극 담당 폴림니아, 오르페우스의 어머니이자 서사시와 웅변을 담당하는 칼리오페 등이다. 신화는 역사, 희극, 비극, 천문, 서사 등 인문학의 모든 주제들을 탄생시킨 샘터이자 시원이다.

이상향 ——

아담과 이브가 추방되기 전의 낙원은 인류의 영원한 이상향이다. 이곳에서 신과 인간은 직접 소통한다. 오비디우스는 《변신 이야기》에서 이상향을 황금시대로 부른다. "이 시대에는 관리도 없었고 법률도 없었다. 사람들은 저희들끼리 서로를 믿었고, 서로에게 정의로웠다. 이 시대 사람들은 형벌도 알지 못했고, 무서운 눈총에 시달리지 않아도 좋았다. 판관 앞에서 자비를 구하는 일도 없었다. 아니 판관 자체가 없었다. 마을에는 전쟁용 참호도 없었고, 군대도 없었다. 군대가 없었으니 인간은 저희 동아리끼리 아무 걱정 없이 평화를 누릴 수 있었다. 기후는 늘 봄이었다. 씨 뿌리는 일이 없는데도 산천에는 꽃과 열매가 만발했다." 마르크스의 이상향, 토머스 모어의 이상향, 단테의 이상향은 모두가 이 신화적 이상향에서 그 틀을 빌리고 있다.

동양에서 말하는 이상향도 그 모습이 크게 다르지 않다.《예기》예운편에서 말하는 이상향인 대동사회大同社會는 큰 도가 행해지고 전체 사회가 공정해져서 현명한 사람과 능력 있는 사람이 지도자로 뽑히게 되며 신의가 존중되고 친목이 두터워지는 그런 사회다. 대동사회의 모든 사람들은 자기 부모만을 부모로 생각하지 않고 남의 부모도 내 부모와 똑같이 생각하며, 자기 자식만을 자식으로 생각하지 않고 남의 자식도 내 자식과 똑같이 생각한다. 늙은이는 여생을 편안히 마치게 되고 젊은이는 각각 자기의 적성과 능력에 맞는 일자리에서 활동하게 되며, 어린이들은 곱고 바르게 자라게 되고, 홀아비와 홀어미며 의지할 곳 없고 불구가 된 사람들은 모두 편안히 보호를 받게 된다. 남자는 다 자기 분수에 맞는 일을 하게 되고, 여자들은 다 적당한 곳으로 시집가 살게 된다. 재물과 물건들이 헛되이 버려지는 것을 싫어하지만 그것을 자기 집에다 감춰 두는 일이 없으며 자기가 직접 노력을 제공하지 않는 것을 싫어하지만 그것이 자기 개인을 위한 것으로는 생각하지 않는다. 그렇기 때문에 권모술수와 같은 것이 필요치 않게 되고 도둑이나 불량배 같은 것이 있을 수 없다. 이리하여 집집마다 문을 열어 두고 닫는 일이 없다. 이러한 사회를 가리켜 대동이라 말한다. 손문의 삼민주의三民主義, 모택동의 삼보주三步走는 모두 대동사회라는 신화적 이상향을 그 바탕에 깔고 있다.

시간과 공간 ──

시공간은 철학적 사유의 그릇이다. 데카르트와 스피노자는 시공간에 대한 논리적 통찰력으로 근대 철학의 문을 활짝 열었다. 시공간은 또한 과학의 그릇이기도 하다. 시공간을 어떻게 해석하느냐에 따라 뉴턴 물리학과 아인슈타인 물리학은 그 궤적이 갈린다. 철학과 과학은 본디 그 뿌리가 같다. 둘을 구분하는 것은 사실상 무의미하다. 철학과 과학 이전에 시공간을 하나의 그릇으로 사유하기 시작한 것은 신화였다.

그리스 로마 신화에서는 시공간의 탄생을 그로테스크하게 풀어내고 있다. 기독교의 천지창조 신화가 다소 정적인 데 비해 그리스 로마 신화의 천지창조는 매우 동적이다. 그리스 로마 신화에서는 시공간이 탄생하기 이전의 세계를 카오스(혼돈)라고 표현한다. 이때는 바다도 없고 땅도 없고 만물을 덮는 하늘도 없었다. 온 우주를 둘러보아도 그저 막막하게 퍼진 듯한 펑퍼짐한 모양을 하고 있었는데 이를 카오스라고 한다. 카오스는 형상도 질서도 없는 하나의 덩어리에 지나지 않았다. 대지와 바다와 공기를 이루는 요소가 있기는 했지만 땅 위로는 걸을 수가 없었고 바다에서는 헤엄칠 수가 없었으며 대기에는 빛이 없었다. 제 모습을 갖춘 것이라고는 아무것도 없었다. 만물은 서로 반목하고 서로에게 걸림돌이 될 뿐이었다. 한 가지 질료 안에 있으면서도 추위는 더위와, 습기는 건기와, 부드러움은 딱딱함과, 무거움은 가벼움과 싸우고 있었다.

이러한 카오스에 질서를 부여하고 공간을 제 모습으로 분리한 주체를 신화에서는 자연이라는 신이라고 설명한다. 자연신이든 하나님이든 여호와든 알라든 시공간을 분리한 절대자의 언어적 표현은 달라도 시니피에는 늘 같다. 그래서 신화다. 신이라는 이름의 자연은 하늘로부터 땅을, 땅으로부터는 물을, 대기로부터는 하늘을 갈라놓았다.

시간은 어떻게 탄생했을까? 그리스 신화에서는 크로노스와 제우스의 관계를 통해 시간의 탄생을 설명한다. 크로노스는 그리스어로 시간을 뜻한다. 크로노스는 자식을 낳는 족족 잡아먹는다. 이것은 태어난 모든 것을 소멸시키는 시간 자체의 속성을 상징한다. 여기에 종지부를 찍고 시간에 질서를 부여한 신이 제우스다. 크로노스는 막내아들 제우스의 꾀로 그때까지 삼킨 자식들(헤스티아, 데메테르, 헤라, 하데스, 포세이돈)을 모두 토해낸다. 그 후 제우스는 아버지 크로노스를 무한지옥(타르타로스)에 유폐시켜 버린다. 제우스의 이러한 행위는 시간의 유한성, 소멸성이 극복된 것을 상징하는 신화적 메타포다. 스페인을 대표하는 근대화가 고야는 크로노스가 자식들을 집어삼키는 장면을 예술 작품으로 남겼다.

동양에서 천지창조를 설명하는 대표적인 신화는 중국의 반고 신화다. 서양의 신화와 마찬가지로 동양의 신화도 천지창조 이전의 세계를 카오스로 표현한다. 천지가 생성되기 이전 우주는 마치 커다란 계란과 같은 모양으로 혼돈 상태였으며 반고는 이렇게 커다란 계란 속에서 줄곧 깊은 잠에 빠져 있다가 약 1만 8000년 후에 깨어났다. 깊은 잠에서 깨어난 반고는 주변이 암흑 상태임을 발견하고 거대한 손바닥으로 암흑을 내리쳐 커다란 계란을 깨트린다. 이에 천만 년간 지속되었던 혼돈 암흑상태가 휘돌아 치며 이 중 가볍고 푸른 물질은 천천히 상승하고 점차 널리 퍼지며 푸른 하늘이 되었고 반면 무겁고 혼탁한 물건은 점차 아래로 가라앉으며 딱딱한 토지로 변했다. 반고는 다시 하늘과 땅이 결합하여 이전의 상태로 갈수 있다는 점을 우려하여 손바닥으로 하늘을 밀어내고 양쪽 발로 대지를 디디며 자기의 몸을 매일 1장—丈씩 자라게 하여 하늘과 땅도 그의 몸 크기만큼 하루에 1장씩 높아졌다. 이러한 상태가 1만 8000년간 계속되었고 하늘은 점차 높아졌으며 땅은 점차 두터워지게 되었다.

자연의 이치 ——

지옥의 신 플루토와 페르세포네 부부의 이야기는 자연의 질서를 드러내준다. 페르세포네는 대지의 여신 데메테르의 딸이다. 어느 날 지상으로 나들이를 나온 플루토는 자신의 조카 페르세포네의 미모에 반해 그녀를 지옥으로 납치한다. 그리고 강제로 결혼식을 올린다. 데메테르는 제우스에게 이 문제를 공식적으로 제기한다. 각자의 영역이 있는 법인데 저승을 다스리는 플루토가 자신의 영역인 대지에 난입해서 애지중지하는 딸 페르세포네를 납치해 간 것은 엄연한 불법행위라고 항의한다.

제우스는 양념 반, 후라이드 반 식으로 이 문제를 해결한다. 즉 페르세포네가 일 년의 반은 지상에서 어머니인 데메테르와 함께 지내고, 나머지 반은 저승에서 플루토와 함께 지낸다는 것이다. 데메테르도 플루토도 모두 찬성함으로써 분쟁은 원만하게 해결된다. 플루토와 페르세포네의 이야기는 빛이 있으면 그림자가 있고, 봄이 있으면 겨울이 있다는 자연의 이치를 상징적으로 보여준다. 만물의 생육과 성장은 음양의 조화, 낮과 밤의 공존으로 이루어지며, 우주의 모든 개체는 생명과 죽음이라는 자연의 이치에 순응해야 한다.

밀랍으로 만든 깃털을 아들 이카로스에게 달아주었다가 이카로스를 죽음에 이르게 한 다이달로스는 자연의 이치에 순응하지 않은 인간에게 내린 자연의 징벌을 상징한다.

오르페우스와 에우리디케의 이야기에도 같은 메타포가 숨어 있다. 최고의 가인佳人 오르페우스는 뱀에게 발뒤꿈치를 물려 죽은 아내 에우리디케를 그리워하다가 저승으로 향한다. 오르페우스는 아름다운 연주로 케이론의 마음을 움직여 레테의 강을 건너고, 저승문을 지키는 케르베로스까지 눈물짓게 하여 저승의 신 플루토와 그의 아내 페르세포네 앞에 선다. 그리고 두 사람마저 감동시켜 아내를 저승에서 데리고 나오는데 성공한다. 그러나 저승을 벗어나는 순간까지 뒤를 돌아보지 말아야 한다는 플루토의 말을 지키지 못해 결국 에우리디케는 다시 저승의 나락으로 떨어지고 만다. 아무리 뛰어난 솜씨를 가진 인간이라도 죽음이라는 자연의 이치를 거스를 수는 없다.

역사의 탄생 ——

신화에서는 인류의 역사가 인간의 탐욕과 함께 시작되었다고 설명한다. 선악과를 따먹어 하나님과 같이 되려고 하는 인간의 탐욕으로 낙원에서의 추방과 지상의 역사가 시작되었다는 것이 기독교의 설명이다. 그리스 로마 신화에서는 황금의 시대golden age, 은의 시대silver age, 청동의 시대bronze age를 거쳐 철의 시대iron age에 이르러 인간의 현실적 역사가 시작되었다고 설명한다.

철의 시대가 되면서 인간들 사이에서는 악행이 꼬리를 물고 자행된다. 인간은 순결, 정직, 성실성 같은 덕목을 기피하고 오로지 기만과 부실, 배반과 탐욕만을 쫓았다. 햇빛과 공기와 함께 만인의 공유물이라고 여겨졌던 땅은 서로 제 것이라고 우기는 인간들이 그은 경계선으로 얼룩졌다. 대지에서 생산되는 각종 금속을 서로 차지하기 위해 전쟁이 터지고 사람들은 서로 무기를 휘두르기 시작했다. 약탈을 직업으로 삼는 사람도 나타나기 시작했다. 서로 안전을 보장받지 못하는 상태가 되었으며, 형제간의 우애와 부부간의 우애도 깨졌다.

신화에서 설명하는 역사시대는 국가의 탄생을 설명하는 사회계약론의 이론과 그 틀이 같다. 생명의 안전을 담보하지 못하는 쓸쓸하고 고독한 상태를 벗어나기 위해 리바이어던과 계약을 맺어 국가를 탄생시켰다는 것이 사회계약론의 설명이다. 신화적 상상력과 이성적 추론은 완벽하게 일치한다. 신화와 철학, 자연과학과 인문과학은 메두사처럼 머리는 다르지만 몸은 하나다. 로마 신화에서는 인간의 탐욕을 이리로 둔갑한 뤼카온으로 표현하고 있다.

　뤼카온은 인간의 세계를 순시하는 유피테르(제우스)를 비웃으면서 말한다. "저 자가 신인지 인간인지 내 시험해 보리라." 선악과를 따 먹는 인간의 심리와 같은 맥락의 메타포다. 유피테르의 벼락을 피하기 위해 뤼카온은 이리로 변신한다. 뤼카온은 광포한 성정이 모여 괴물의 주둥이가 되고, 타고난 살육의 근성을 못 잊어 자신의 주둥이로 다른 짐승을 겨눈다. 피를 보아야 직성이 풀리는 광기를 타고난 이리는 인간의 광기를 상징한다. 인간은 같은 종족인 인간을 살육하기 위해 얼마나 많은 피를 뿌렸던가? 신화는 가장 정확한 인간 내면의 모습을 그리고 있는 리얼리티의 진수다.

　사악한 탐욕 덩어리로 변한 인간을 멸하기 위해 신화가 내린 처방은 홍수다. 모든 것을 확 쓸어버리고 새로운 세상을 만들기 위한 조치다. 홍수 신화는 세계 곳곳에서 공통적으로 발견된다. 노아의 홍수는 《길가메시》의 홍수와 프레임이 같고, 그리스 로마 신화도 물에 의한 심판이라는 도식을 차용하고 있다. 제우스는 불로 심판할 경우 인간에게 회복 불능의 타격을 줄 수 있기 때문에 불 대신 물을 심판의 수단으로 사용한다. 바다의 신 넵튠(포세이돈)과 강의 신들도 이 심판에 동조한다. 심판에서 살아남아 새로운 인류의 조상이 되는 주체로 그려지고 있는 인물은 데우칼리온과 그의 아내 퓌라다. 데우칼리온은 구약 창세기에 나오는 노아와 같은 역할을 한다. 데우칼리온은 세상 사람들 가운데 가장 의로운 인물이고 퓌라는 세상 여자들 가운데 가장 믿음이 깊은 여자였다. 신화는 정의와 믿음을 신인류의 도덕적 가치로 제시하고 있다.

무한도전 ——

아폴로 신의 구애를 피해 다니다가 월계수 나무로 변한 다프네의 이야기는 인간의 주체적 역사의 시작을 상징한다. 신인유별神人有別, 신과 인간은 분별이 있다. 이제 더 이상 인간은 신에 종속된 존재가 아니다. 자신의 주체적 의지와 역량으로 삶을 개척해나가는 역사의 주체다. 신으로부터 자유로울 때 인간은 가장 자유로울 수 있다. 니체는 그래서 인간들 가운데 가장 자유로운 존재다. 그렇다고 신과 인간이 완전히 남남인 것은 아니다. 신은 인간의 바깥 영역에 존재하지만 애정과 관심을 가지고 인간의 역사에 관여한다. 정의와 연대, 사랑의 이름으로 인간의 역사에 개입한다. 때로는 인간들을 감싸고, 때로는 응징한다.

호머의《일리아드》는 인간의 역사에 개입하는 신의 입김과 인간의 주체적 욕망이 복합적으로 얽힌 서사시다. 아폴로와 아테네는 신의 대표 주자로 인간의 역사에 개입하고 있으며, 아킬레우스와 헥토르는 자신들의 주체적 역량으로 인간의 역사를 창조해나가는 인간의 대표주자다.

태양신의 아들 파에톤도 불굴의 인간정신, 도전정신을 상징하는 인물이다. 파에톤은 자신이 태양신의 아들임을 입증할 수 있게 태양신이 모는 수레를 한 번만 몰 수 있게 해달라고 간청한다. 아버지 태양신은 불행한 미래를 예측하고 만류하지만 끝내 파에톤의 의지를 꺾지 못한다. 수레를 몰던 파에톤은 궤도를 이탈하여 결국 죽음을 맞는다. 그러나 그의 도전정신은 귀감으로 남았다. 파에톤의 시신을 수습한 것은 스페인 어느 지역의 강가에 살고 있던 시그너스(백조)라는 요정이었다. 그 후 백조는 제우스를 저주하면서 세상과 담을 쌓고 고고하게 살았다. 시그너스는 파에톤의 시신을 수습하여 묻고 비석을 세웠는데 다음은 비석의 명문銘文이다. "아버지의 수레를 몰던 파에톤, 여기에 잠들다. 힘은 비록 모자랐지만 그의 패기만은 길이 남으리."

파에톤의 도전정신은 금기의 영역으로 치부되었던 우주개발의 역사로 이어지고 있다. 달에 우주선을 쏘아올리고, 화성에 무인탐사선을 보내고, 우주엘리베이터를 개발하는 등의 다양한 시도는 파에톤의 페이소스를 이어받은 인간의 무한도전이다. 중국이 우주정거장 이름을 천궁天宮이라고 정한 것은 매우 의미심장하다. 천궁은 제우스를 비롯한 신들이 거주하는 궁전의 이름이 아니던가. 영화 〈인터스텔라〉에서 우주선을 몰고 블랙홀로 들어가는 장면에서도 우리는 인간의 무한도전 정신을 엿볼 수 있다. 언젠가는 은하수를 건너 제우스를 직접 만나게 되는 날도 올 수 있을 것이다.

미네르바와 베 짜기 솜씨를 겨루다가 거미로 변한 아라크네의 이야기도 신의 영역에 도전하는 인간의 무한도전 정신의 사례다. 미네르바에게 도전하려는 아라크네에게 온 집안 식구들과 동네 사람들이 나서서 말렸다. 그렇지만 아라크네는 제 생각을 굽히지 않았다. 오직 이길 수 있다는 일념으로 제 운명과 맞섰다. 아라크네는 신들의 비리를 폭로하는 장면들을 놀라운 수예 솜씨로 베에 담았다. 황소로 둔갑한 제우스에게 속아 순결을 잃은 에우로파, 백조로 둔갑한 제우스에게 당하는 레다 등 제우스가 가장 먼저, 가장 많이 그려진다. 이어서 포세이돈, 아폴로 등 모든 신들의 비행이 수예의 넓은 폭에 그려진다. 경쟁자인 미네르바뿐만 아니라 모든 신들이 발끈한 것은 당연한 일. 미네르바는 마법의 여신 헤카테의 약초즙을 아라크네에게 뿌린다. 아라크네는 거미로 변한다.

신들의 노여움을 사서 비록 몸은 거미로 변했지만 아라크네는 오늘도 자신의 몸으로 끝없이 네트워크를 만들어나간다. 아라크네가 만들어내는 거미줄은 사유의 확장, 역사의 진보를 상징하는 메타포다. 갈대로 만든 피리 소리로 아폴로 신에게 도전했다가 산 채로 껍질이 벗겨진 마르시아스, 자식이 많은 것을 복으로 여겨 레토여신(아폴로와 아르테미스 쌍둥이 남매의 어머니)에게 덤볐다가 일곱 명의 아들과 일곱 명의 딸을 몽땅 잃은 테베의 왕비 니오베, 자신들의 농토에 와서 물을 마시려 하는 레토 여신을 쫓아냈다가 개구리로 변한 리키아 사람들도 무한도전의 상징이다.

말言, 말馬, 돌石 ——

인간이 사용하는 언어인 말과 관련한 신화의 가르침은 '때와 장소를 가리라'는 것이다. 《논어》위령공편에 나오는 다음 문구와 일맥상통한다. '말하지 말아야 할 때 말을 하면 신뢰를 잃고, 말해야 할 때 말하지 아니하면 사람을 잃는다.' 미네르바(아테네)의 신조神鳥는 원래 까마귀였지만 부엉이로 바뀌었다. 여기에는 사연이 있다.

미네르바는 어미 없는 아이 하나를 버들가지로 짠 상자에 넣어 케크롭스의 세 딸에게 맡겼다. 그러면서 절대로 상자를 열어보지 말라고 했다. 첫째와 둘째는 미네르바의 말에 따랐지만 셋째 아글라우로스는 언니들을 겁쟁이라고 놀리면서 그걸 열어보았다. 까마귀는 이 사실을 미네르바에게 일러바쳤다. 지혜의 여신은 순간 회까닥한다. 그러나 이내 마음을 추스른다. 그리고 까마귀에 벌을 내린다. 자신의 당부를 어긴 아글라우로스의 행동도 괘씸하지만 그걸 고자질해서 순간적으로 자신의 이성을 흐리게 한 까마귀의 잘못도 크다고 보았던 것이다. 그래서 미네르바는 까마귀에게서 신조 자리를 빼앗아 부엉이에게 넘긴다.

부엉이는 원래 레스보스의 처녀였다. 그러던 어느 날 아버지와 동침을 한 후 괴로워하다가 새로 변한다. 새로 변한 후에도 양심의 가책을 못 이겨 사람들의 눈이 있을 때나 밝을 때에는 날지 않고 어둠 속에 웅크리고 있다가 밤에만 난다. 부엉이는 깊은 성찰과 명상 속에서 지혜가 밝게 빛난다는 사실을 상징하는 메타포다. 헤겔이 《법철학》 서문에서 '미네르바의 부엉이는 황혼이 저물어야 그 날개를 편다'고 한 것도 그러한 의미에서다. 까마귀는 말하지 말아야 할 때 말을 해서 신뢰를 잃었다. 요즘도 우리는 때와 장소를 가리지 않고 말을 함부로 해 옷을 벗는 공직자들을 흔히 본다. 비단 공직자뿐만 아니라 연예인과 같은 공인들도 마찬가지다.

까마귀의 깃털 색깔이 까만색으로 된 데도 사연이 있다. 까마귀의 깃털 색은 원래 하얀 색이었다. 아폴로에게는 코로니스라는 애인이 있었다. 코로니스는 아폴로의 아이를 임신한 상태에서 테살리아 청년과 바람을 피운다. 까마귀는 이걸 또 아폴로에게 일러바쳤다. 까마귀의 고자질로 이성을 잃은 아폴로는 활을 쏘아 코로니스를 그 자리에서 즉사시킨다. 뒤늦게 아폴로는 후회하지만 이미 엎질러진 물이다. 코로니스는 아이를 임신하고 있었지만 충동적인 아폴로의 성격 때문에 죽음을 당했다. 아폴로는 까마귀의 깃털을 까만색으로 바꿔버린다. 까마귀에 얽힌 신화는 '세 번 생각한 후 말하면 실수를 줄일 수 있다'는 삼사일언三思一言의 가르침을 일깨워 준다.

말言이 말馬이 된 신화의 이야기도 같은 교훈을 준다. 아폴로는 코로니스가 남긴 아이를 켄타우로스 케이론에게 맡긴다. 켄타우로스는 반인반마半人半馬의 모습을 가진 현인으로 헤라클레스와 이아손과 같은 영웅들을 가르친 것으로 유명하다. 그런데 켄타우로스에게는 오퀴리에라는 딸이 있었다. 오퀴리에는 아폴로의 아이를 보고 '신들의 노여움을 사 할아버지(제우스)의 벼락을 맞을 팔자'라며 아이의 불행한 장래를 예언한다. 오퀴리에의 예언은 그대로 실현된다. 아폴로의 아들은 자라나 유명한 의성醫聖 아스클레피오스가 된다. 아스클레피오스는 죽은 사람을 살려내었다가 제우스의 노여움을 사 그의 벼락에 맞아 죽는다. 오퀴리에는 천기를 누설했다는 이유로 반인반마가 아니라 완전한 말馬로 변한다.

시금석이라는 돌에 얽힌 신화도 말言과 관련이 있다. 아폴로는 코로니스를 잃은 슬픔으로 가축을 제대로 돌보지 않았다. 제우스의 메신저 역할을 하는 헤르메스가 어느 날 아폴로의 가축 떼를 숲 속에 숨겨버렸다. 바투스라는 노인을 제외하고는 아무도 본 사람이 없었다. 헤르메스는 바투스에게 후한 상금을 줄 테니 아폴로에게 일러바치지 말라고 한다. 노인은 승낙한다. 헤르메스는 이번에는 아폴로로 변신해서 더 많은 상금으로 노인을 시험한다. 시험에 넘어간 노인은 가축 떼의 위치를 말해버린다. 헤르메스는 노인을 돌로 만들어 버린다. 이 돌이 바로 시금석이다.

치욕恥辱의 대가 ——

《일리아드》에서 아킬레우스는 헥토르와의 결투에서 승리를 거둔 후 그의 시체를 질질 끌고 그리스 진영으로 돌아온다. 오는 도중 아킬레우스는 헥토르의 시체를 향해 욕설을 퍼붓는다. 입에 담기 힘들 정도의 온갖 욕설이 다 동원된다. 자신의 절친한 친구인 파트로클로스를 헥토르가 죽인데 대한 분풀이다. 아킬레우스는 그리스 연합군의 최고 장수였지만 군인으로서 신사답지 못한 행동을 했다. 전쟁에서 패한 장수의 목을 옥쟁반에 담아 상대 진영으로 보내지는 못할망정 시신을 그렇게 함부로 훼손하지는 말았어야 했다. 아버지 프리아모스 왕의 뛰어난 외교력으로 헥토르의 시신은 트로이 진영으로 운반되고 장례식이 엄수되지만 아킬레우스는 헥토르의 시신을 능욕한 대가를 치르고야 만다. 아킬레우스는 트로이 전쟁이 막바지에 이르렀을 무렵 파리스 왕자가 쏜 화살에 맞아 죽음을 맞는다.

시신이 아니라 살아 있는 인간이 능멸당했을 경우는 어떨까? 마음이 더욱 더 크게 다칠 수 있다는 것은 불문가지의 사실이다. 치욕감을 느낀 인간은 복수를 계획하고, 기회가 오면 잔인하게 이를 실행한다. 잔혹함은 인간 본성의 한 단면이다.

그리스 로마 신화에서는 사냥과 정절의 여신 아르테미스의 복수극을 통해 치욕의 알레고리를 실감나게 보여준다. 악타이온은 테베를 세운 카드모스의 손자로 사냥의 명수였다. 어느 날 악타이온은 친구들과 함께 사냥을 나갔다가 우연히 알몸 상태의 아르테미스를 훔쳐본다. 정절을 지키기 위해 평생을 처녀로 살고 있는 아르테미스의 알몸을 봤다는 것은 대역죄에 해당된다. 아르테미스는 활을 쏘아 악타이온을 죽이려고 했지만 화살 통이 손에 닿지 않자 물을 뿌려 악타이온을 사슴으로 만들어 버린다. 사슴으로 변한 악타이온은 숲 속을 이리저리 도망치다가 사냥개들에게 온몸을 물어 뜯겨 비참한 죽음을 맞는다. 악타이온의 숨이 끊길 때 즈음에야 비로소 아르테미스의 분이 풀렸다고 하니 치욕에 대한 복수의 정념은 이처럼 강하고 질기다.

인간도 치욕을 당하면 아르테미스처럼 잔혹해질 수 있다. 아니 그보다 더 잔혹해질 수 있다. 회계산 전투에서 치욕을 당한 월나라의 구천은 20년 동안 곰의 쓸개를 핥으면서 절치부심한 끝에 오나라를 잔인하게 멸망시켰으며, 오자서는 아버지를 능멸한 초나라 평왕의 시체를 관에서 꺼내 삼백 차례나 채찍을 휘둘렀다.

자아 인식의 실패 ——

소크라테스는 '너 자신을 알라'는 말로 진리 탐구의 방법을 역설했다. 자신에 대한 인식이 진리를 깨우치는 첫걸음이라는 뜻이다. 인문학은 나와 세상에 대한 물음이고, 그 물음에 대한 답을 스스로 찾아나가는 작업이다. 소크라테스의 진리 탐구 방법은 결국 인문학의 방법이기도 하다. 그리스 신화에서는 나르시스와 에코의 이야기를 통해 자아 인식의 의미를 잘 보여주고 있다. 신화에 의하면 자아 인식은 생존의 기본 조건이며 이에 실패할 경우 죽음이 그 대가로 주어진다.

에코는 원래 사지육신을 멀쩡히 갖춘 요정이었다. 그렇지만 바람둥이 남편의 행방을 찾고 있던 헤라 앞에서 횡설수설하다가 벌을 받아 육신은 사라지고 목소리만 남게 되었다. 그것도 남들이 하는 말 가운데 제일 뒷부분만 되풀이하는 신세가 되었다. 에코는 어느 날 미소년 나르시스를 사랑하게 되었다. 그러나 나르시스는 한사코 에코를 피한다. 나르시스에게 외면당한 에코는 나르시스가 누군가를 사랑하되, 그 사랑이 결코 이루어지지 않게 해달라고 신들에게 기도한다. 그 기도가 이루어져 나르시스는 연못 속에 비친 자신의 모습을 사랑하게 된다. 물속에 손을 넣어 자신을 만지려고 하지만 이루어지지 않는다. 상심한 나르시스는 차츰 얼굴이 야위고 결국은 죽어 한 송이 꽃으로 변한다. 이 꽃이 수선화다. 나르시스는 진정한 자아 인식의 실패와 그 대가로서 찾아온 죽음을 상징하는 메타포다. 자기를 사랑하는 것과 자아 인식은 별개의 문제다.

광기와 페이소스 ──

광기라는 말은 서양 역사와 철학에서 합리성과 대비되는 개념으로 쓰인다. 부정적인 뜻으로 쓰이기도 하지만 그보다는 생산의 원동력, 창조적 에너지의 시니피앙으로 쓰이기도 한다. 《자라투스트라는 이렇게 말했다》에서 니체는 이성을 비판하고 광기를 칭송했다. 니체는 자유로운 인간 정신의 원형으로 남아 있다. 베르그송의 생명 철학에서 주요한 개념으로 등장하는 엘랑비탈도 생동감 넘치는 광기를 뜻한다. 이러한 광기는 페이소스의 자양분이다. 미셸 푸코가 《광기의 역사》에서 말하고자 하는 철학적 메시지도 같은 맥락 위에 있다.

신화에서는 바쿠스 신을 통해 광기의 페이소스를 드러낸다. 바쿠스는 제우스가 카드모스의 딸 세멜레와 바람을 피워서 낳은 자식이다. 헤라는 세멜레를 질투해 그녀가 제우스의 광채에 타서 죽게 만든다. 제우스는 헤라의 눈을 피해 세멜레가 임신 중이던 아이를 허벅지에 넣어서 키우다가 달이 차자 꺼내서 세멜레의 자매인 이노에게 양육을 맡긴다. 이 아이가 바쿠스다. 이노는 바쿠스를 동굴 속에 숨겨서 키운다.

미술작품에서 바쿠스는 흔히 포도주 잔을 손에 들고 있는 영원한 청년의 모습으로 그려진다. 그를 추종하는 교도들이 생길 정도로 바쿠스는 숭배의 대상이 된다. 그러나 그를 싫어하는 사람도 많다. 테베의 펜테오스 왕은 특히 바쿠스를 싫어했다. 펜테오스는 합리적 이성, 관습적 틀을 상징하는 인물이다. 펜테오스는 바쿠스 교도를 고문한 후 수갑과 족쇄를 채워 감옥에 가둔다. 그렇지만 옥리들이 아무런 조치를 취하지 않았는데도 이 신도는 저절로 수갑과 족쇄를 풀고 감옥을 탈출한다. 이런 기적 같은 일이 일어나도 펜테오스는 여전히 바쿠스 신을 믿지 않는다. 바쿠스 교도들에 대한 박해의 손길도 멈추지 않는다. 그러나 사람들은 박해에도 아랑곳하지 않고 바쿠스 신을 찬양하는 축제를 벌인다.

축제가 벌어지는 키타이론 산에서 바쿠스 교도들을 향해 분노의 손길을 뻗치던 펜테오스는 그들로부터 공격을 받는다. 공격의 선봉에 선 사람은 뜻밖에도 펜테오스의 어머니 아가베다. 어머니는 온 가족을 모두 동원해서 펜테오스를 공격한다. 펜테오스의 이모는 그의 팔을 잘라버린다. 아가베는 자신의 머리로 펜테오스의 머리를 받아 박살 내버린다. 아가베는 피 묻은 손으로 머리 조각을 들고 외친다. "보아라, 우리가 이겼다. 내가 승리했다!" 광기는 세상의 기본 질서를 송두리째 박살 내버리는 엄청난 에너지를 품고 있다. 펜테오스가 어머니의 손에 죽임을 당하는 장면은 광기의 페이소스를 확연하게 드러내기 위한 신화의 서사적 알레고리다.

로미오와 줄리엣 ——

작가들은 그리스 로마 신화에서 많은 영감을 받았다. 셰익스피어는 《로미오와 줄리엣》의 플롯 자체를 신화에서 차용하고 있다. 퓌라모스와 티스베는 앞집과 뒷집에 사는 선남선녀로 서로를 뜨겁게 연모하고 있었다. 그렇지만 부모들의 반대로 공개적인 데이트는 하지 못하고 벽을 사이에 두고 사랑의 밀어를 속삭였다.

신세를 한탄하던 두 사람은 정염을 더 이상 억누르지 못하고 어느 날 저녁 뽕나무 밑에서 만나기로 한다. 약속 장소에 먼저 나타난 사람은 티스베였다. 티스베는 퓌라모스를 보고 싶은 마음에 일찌감치 뽕나무 밑으로 가서 기다렸다. 그런데 그때 갑자기 사자 한 마리가 피를 뚝뚝 흘리면서 어슬렁거리며 다가오고 있었다. 티스베는 겁이 나서 얼른 근처 동굴에 몸을 숨겼다. 급하게 서두르다가 티스베는 자신의 너울을 떨어뜨린 것도 알아차리지 못했다. 사자는 티스베의 너울을 갈기갈기 찢어버린다. 너울에는 핏자국이 선명하게 묻는다.

뒤늦게 약속 장소에 나타난 퓌라모스는 티스베의 피 묻은 너울을 보고 탄식한다. "아, 내가 늦게 나타나 티스베가 사자의 밥이 되었구나. 내가 먼저 와서 기다리지 않았으니 내가 티스베를 죽인 것이나 마찬가지다." 그러고는 칼을 뽑아 자기 옆구리를 찔러 자결한다. 한참 동안 동굴에 숨어 있던 티스베는 마음을 추슬러 다시 뽕나무 밑으로 간다. 그곳에서 티스베는 퓌라모스의 싸늘한 시체를 발견한다. 티스베는 퓌라모스의 시체 옆에 놓여있는 자신의 피 묻은 너울과 칼집을 발견하고 사건의 전말을 알아차린다. 그리고 울부짖는다. "당신의 손, 당신의 사랑이 당신을 죽였군요. 이만한 일을 할 손은 제게도 있어요." 그러면서 티스베는 퓌라모스의 몸에서 빼낸 칼로 자결한다.

정의란 무엇인가? ——

신화는 인문학의 모든 주제를 잉태하고 있다. '정의란 무엇인가?'라는 물음에 대한 답도 아리스토텔레스 이전에 신화가 먼저 제시하고 있다. 에티오피아의 왕비 카시오페이아는 자신의 미모가 바다의 신 넵튠의 딸들보다 더 예쁘다고 자랑하다가 경을 치른다. 넵튠은 케토스라는 괴물을 보내 왕국을 쑥대밭으로 만들어버린다.

신관들이 암몬 신에게 해결책을 물어보니 안드로메다 공주를 케투스에게 바쳐야 한다는 신탁이 나왔다. 이렇게 공주는 절벽에 매달려 케투스의 밥이 될 시간을 기다린다. 이러한 안드로메다 공주를 구한 것은 페르세우스였다. 페르세우스는 하늘을 날다가 우연히 공주를 발견하고 그녀의 미모에 반해 케투스를 물리치고 공주를 구한다. 페르세우스는 페가수스와 메두사의 머리를 이용해서 괴물을 물리쳤다. 바닷가에 있던 해초들도 메두사의 머리를 보자마자 돌로 변하는데 이것이 산호의 유래다. 카시오페이아, 케페우스, 안드로메다, 페가수스 별자리의 유래도 여기서 나온다. 왕과 왕비는 페르세우스를 사위로 맞고 왕국을 그에게 내준다.

페르세우스에게 왕국을 물려주자 일부 반대파들이 반란을 일으킨다. 반란의 주모자는 왕의 동생 피네오스다. 그는 안드로메다의 삼촌이면서 약혼자였다. 이 때 국왕 케페오스는 이렇게 말한다. "네가 도대체 무슨 짓을 하는 것이냐? 영웅의 위대한 공훈에 대한 네 감사의 표시가 고작 이것이더냐? 안드로메다를 앗아간 것은 페르세우스가 아니라 바다의 괴물이다. 페르세우스는 공주를 괴물로부터 구출했다. 안드로메다가 절벽에서 죽음을 기다리고 있을 때 너는 무엇을 했느냐? 네 공훈은 없다. 안드로메다는 마땅히 페르세우스의 차지다."

신화는 정의에 관한 명확한 기준을 제시하고 있다. '마땅한 자에게 마땅한 것을 준다'는 아리스토텔레스의 정의관도 신화의 그것과 일치한다. 크레타의 미노스 왕도 정의의 상징으로 신화의 한 페이지를 장식한다. 미노스는 대단히 공정한 인물이라 죽어서도 저승의 판관 노릇을 한다. 미노스는 아테네와의 일전을 앞두고 먼저 알카토오스를 공격한다. 백발을 한 알카토오스의 왕 니소스에게는 정수리 부근에 보라색 머리카락 한 올이 솟아 있었다. 이 머리카락이 있는 한 알카토오스는 결코 함락되지 않는다는 신탁이 있다. 머리카락이 국가의 수호신인 셈이다.

그런데 니소스에게는 스퀼라라는 공주가 있었다. 공주는 한눈에 미노스에 반해 아버지와 조국을 배신한다. 공주는 한밤중에 아버지의 침소에 몰래 들어가 보라색 머리카락을 잘라서 미노스 왕에게 바친다. 그러나 공정한 정복자 미노스는 스퀼라를 준엄하게 꾸짖는다. "우리 시대에 너같이 더러운 것이 있었구나. 신들이시여, 대지는 저것을 내치게 하시고, 어떤 땅 어떤 바다도 저것에게는 깃들일 자리를 주지 않게 하소서." 스퀼라는 영원히 바다 위를 떠도는 한 마리 새로 변한다.

마땅한 자에게 마땅한 것을 주는 것이 정의라는 아리스토텔레스의 정의관은 호머의 《일리아드》에서 가장 첨예하게 그 모습을 드러낸다. 트로이 전쟁의 영웅 아킬레우스가 죽은 후 그의 무구를 누가 가질 것인가를 놓고 아이아스와 오디세우스는 한 치의 양보도 없는 설전을 벌인다. 아이아스는 아킬레우스와의 혈연관계를 먼저 내세운다. 그리고 힘에서는 자신이 오디세우스보다 압도적이기 때문에 무게가 엄청난 아킬레우스의 무구는 마땅히 자신이 차지해야 한다고 주장한다. 이에 대해 오디세우스는 참전을 기피하던 아킬레우스를 설득해서 전쟁에 나서게 한 것이 자신이며, 트로이의 첩자를 색출해서 전세를 역전시킨 것도 자신이라고 주장한다. 가문과 힘이 아니라 전쟁에서의 무훈, 업적으로 평가받아야 한다는 것이 오디세우스의 논점이었다. 결국 무구는 오디세우스의 차지가 된다. 아리스토텔레스도 《니코마코스 윤리학》에서 값비싼 악기는 훌륭한 음악가 집안의 자손이 아니라 최고의 연주자에게 돌아가는 것이 정의라고 설명한다.

불사不死의 꿈 ——

죽지 않고 영원히 살고 싶다는 것은 모든 인간의 원초적 욕망일 것이다. 진시황제나 길가메시가 불로초를 구하러 다닌 것도 그러한 욕망 때문이었다. 그리스 로마 신화에서는 메데이아를 통해 이 욕망을 그리고 있다. 메데이아는 이방인 이아손을 사랑했다. 이아손은 저 유명한 아르고 원정대의 대장인 그 이아손이다. 이아손은 아버지 아이손의 왕위를 찬탈한 삼촌 펠리아스에게 왕위를 내놓으라고 요구했다가 원정대를 조직하여 항해를 떠난다. 펠리아스가 콜키스라는 나라에 가서 황금 모피를 찾아오면 왕위를 내주겠다고 약속했기 때문이다.

이아손은 천신만고 끝에 콜키스의 아이에테스 왕을 찾아가 그에게 황금 모피를 내놓으라고 요구한다. 왕은 불을 뿜는 황소에 쟁기를 메워 전쟁 신 마르스의 밭을 간 다음 거기에다 왕뱀의 이빨을 뿌리고, 그 땅에서 돋아나는 무사들과 싸워 이기면 황금 모피를 가져가도 좋다고 말한다. 승산이 없는 싸움에서 이아손을 도운 것은 아이에테스의 공주 메데이아였다. 연금술에 능했던 메데이아는 이아손에게 비상시에 사용할 수 있는 약초를 건네 무사들과의 전쟁에서 승리하게 했다.

황금 모피를 손에 넣은 이아손은 메데이아를 데리고 고향 이올코스로 금의환향했다. 그리고 왕에 취임했다. 왕비가 된 메데이아는 산에서 뜯은 각종 꽃과 풀, 열매, 나무뿌리 등을 섞어서 만든 불로초로 시아버지 아이손을 회춘시킨다. 올림포스의 신들도 이를 부러워한다. 신들은 영원히 살지만 나이를 거역할 수는 없어 쪼글쪼글한 신이 많았다.

그러나 메데이아는 잔인함의 대명사로도 알려져 있다. 메데이아는 왕위를 찬탈했던 펠리아스의 딸들에게 아버지를 회춘시켜준다고 꼬드겨 펠리아스를 펄펄 끓는 가마솥에 집어넣어 죽여버린다. 그리고 이아손이 맞아들인 후처를 독극물로 살해하고 자신이 낳은 아이 둘도 자기 손으로 죽인 후 이웃 나라 아테네로 도망친다. 아테네의 왕 아이게오스는 메데이아를 아내로 맞는다. 그러나 메데이아의 악행은 그치지 않는다. 메데이아는 아이게오스 왕의 아들 테세우스를 독살하려다 실패하고 구름 속으로 숨어버린다. 신화는 메데이아를 통해 인간의 불사란 결국 존재할 수 없다는 사실을 깨우친다.

그러나 불사의 꿈이 완전히 불가능한 것은 아니다. 가능한 불사는 신체의 불사가 아니라 이름의 불사다. 오비디우스는 《변신 이야기》에서 인간은 글과 명성을 통해 영원히 살 수 있다고 노래한다. "시인의 예감이 그르지 않다면 단언하거니와, 명성을 통하여 불사를 얻은 나는 영원히 살 것이다." 맞는 말이다. 오비디우스는 지금까지도 살아 있고, 앞으로도 인류가 존속하는 한 자신의 명성으로 끝까지 살아남을 것이다.

근친상간과 문명 ――

문학이 즐겨 다루는 주제 가운데 하나인 근친상간도 그 원형은 신화에서 출발한다. 오이디푸스 콤플렉스나 엘렉트라 콤플렉스 외에도 신화에는 남매간의 사랑을 다루는 이야기가 여러 번 등장한다. 제우스와 헤라가 남매간이기 때문에 근친상간은 따지고 보면 역사와 문명의 시원이다. 마르케스가 《백년의 고독》에서 말하는 문명의 시원과 근친상간의 메타포도 같은 맥락에 서있다. 근친상간으로 시작된 부엔디아 가문의 역사는 마지막 순간에 다시 근친상간으로 회귀한다.

밀레토스에 카우누스와 뷔블리스라는 오누이 남매가 있었다. 뷔블리스는 오빠 카우누스에게 연정을 느낀다. 그래서는 안 된다고 다짐을 하지만 마음은 한없이 오빠에게 끌린다. 온갖 상상을 다하면서 고민을 거듭하던 뷔블리스는 마침내 오빠에게 러브 레터를 쓴다. 그러나 오빠는 대노한다. 뷔블리스는 후회한다. 그렇다고 오빠를 향한 연정이 다스려지지는 않는다. 뷔블리스는 가는 데까지 가보자고 다짐한다.

동생의 결심을 알아차린 카우누스는 고향을 떠나 먼 곳으로 가서 새로운 나라를 세운다. 뷔블리스는 슬픔을 견디지 못하고 하염없이 눈물을 흘린다. 뷔블리스가 흘린 눈물은 바람에 실려 샘이 된다. 카우누스가 건설한 새로운 나라와 뷔블리스의 눈물이 변한 샘은 문명의 상징이다. 카우누스와 뷔블리스의 근친상간 신화가 드러내주는 메타포는 '근친상간의 금기는 문명의 출발선'이라고 말한 인류학자 레비스트로스의 말과 정확하게 일치한다.

숙명과 운명 ──

신화에는 많은 영웅이 등장한다. 영웅은 대중의 화려한 스포트라이트를 받지만 한편으로는 고독한 숙명을 짊어져야 한다. 인간에게 불을 가져다준 프로메테우스는 독수리에게 영원히 간을 쪼아 먹히는 숙명을 짊어졌고, 제우스의 비행을 발각하고 폭로한 시시포스는 영원히 바윗돌을 굴려야 하는 숙명을 짊어졌다. 영웅 헤라클레스는 생선 가시를 발라내듯이 자신의 살점을 모두 다 발라내는 고독한 아픔 속에서 최후를 맞았다.

헤라클레스의 살점은 인류의 문명에, 역사의 발자취에, 인간의 몸에 켜켜이 쌓인 고독을 상징한다. 역사에 이름을 남긴 영웅들의 행적 뒤에는 예외 없이 고독의 꼬리표가 붙어 있다. 사마천은 궁형을 당하고 감옥에서 고독을 씹으면서 《사기》를 완성했고, 다산 정약용은 기나긴 유배 생활의 고독을 견디면서 《목민심서》를 완성했다. 화려한 영광과 고독은 동전의 앞뒷면과 같다. 무소불위의 권력을 누리는 권력자들도, 굴지의 기업을 일군 재벌도 고독한 영웅이다. 고독은 영웅의 숙명이다.

신화는 인간의 상상력을 자극하고 꿈을 키워준다. 그러나 신화가 꿈을 이루어주지는 않는다. 꿈을 키우는 것은 신화지만 그 꿈을 이루는 것은 행동하는 인간이다. 운명의 여신은 행동하는 인간을 돌볼 뿐, 기도만 하는 인간은 돌보지 않는다. 마키아벨리는《군주론》에서 신화의 이 경구를 인용하면서 글을 맺는다. "일을 성공시키기 위해서는 신중함보다 과감함이 더 중요하다. 운명의 여신을 당신이 손아귀에 넣고 싶어 한다면 그녀를 거칠게 다루는 것이 필요하기 때문이다. 운명의 여신은 냉정하고 계산적인 사람보다는 과단성 있게 행동하는 사람에게 더욱 매력을 느낀다. 운명은 여성이므로 그녀는 항상 청년들에게 이끌린다. 왜냐하면 청년들은 덜 신중하고 보다 공격적이며 그녀를 더욱 대담하게 다루고 제어하기 때문이다." 운명이란 스스로 개척하는 것이다. 영원히 살 것처럼 꿈꾸고, 오늘 죽을 것처럼 행동하라. 그러면 운명의 여신이 반드시 응답할 것이다.

짜장면과 햄버거는 어떻게
인문학이 되는가?

졸업시즌의 제왕 짜장면 ──

짜장면은 삶은 면 위에 돼지고기, 양파, 양배추 등과 함께 볶은 까만 춘장을 얹어서 비벼 먹는 한국인의 대표적인 서민 음식이다. 한국사람 중에 짜장면을 싫어하는 사람은 아마 없을 것이다. 요즘 청춘들은 이탈리아식 짜장면이랄 수 있는 스파게티를 더 많이 먹을지 모르지만 〈국제시장〉 세대에게는 단연코 짜장면이 으뜸이었다. 특히 그 시절에는 초등학교나 중학교 졸업식이 끝난 후에 짜장면을 먹는 것이 무슨 통과의례처럼 되어 있었다.

2월 달 졸업 시즌이 되면 '○○반점'이나 '○○성'이라는 이름이 붙은 중국집은 어느 동네 할 것 없이 꽃다발과 졸업장을 양손에 쥔 까까머리 학생들로 문전성시를 이뤘다. 주방에서는 시커먼 프라이팬을 키질 하듯이 올렸다 내렸다 하면서 춘장과 야채 등속을 볶는 주방장이 연신 이마에 맺힌 땀을 훔쳐 댔고, 빛바랜 장식구슬이 치렁치렁 드리워져 있던 출입구 쪽 계산대 위의 전화기는 쉴 새 없이 따르릉 하고 울려댔다.

살짝 들어 올린 어깨와 15도쯤 기울인 고개 사이에 전화기를 낀 채 손으로 주문 내용을 휘갈겨 쓴 후 전화기를 내리는 것과 동시에 전표를 주방 안으로 들이미는 중국집 주인아저씨의 손놀림은 신기에 가까울 정도였다. 그 틈에도 주인은 단무지와 양파, 춘장을 더 찾는 손님들의 탁자 사이를 바람처럼 휙휙 지나다녔다.

한때는 짜장면이 아니라 자장면으로 써야 표준어법에 맞는다고 하는 정부 지침이 나올 정도로 짜장면은 그 이름값이 유별났다. 물론 요즘이야 둘 다 맞는 표현이지만 말이다. 서민들의 입에 붙은 짜장면이라는 발음을 국가기관이 통제한다는 발상 자체가 난센스였다.

안도현의 《짜장면》 ——

안도현 시인의 시나 에세이는 인문학강좌에 대단히 안성맞춤이다. 그래서 《연어》 이야기에 이어 두 번째로 《짜장면》 이야기를 소개한다. 안도현 시인의 시에는 사회성이 짙게 녹아 있다. 이육사와 같은 저항 시인의 계보를 잇고 있는 대표적인 시인이 안도현이다. 안도현은 〈너에게 묻는다〉와 〈연탄 한 장〉이라는 시에서 이렇게 노래한다.

'연탄재 함부로 발로 차지 마라 / 너는 누구에게 한번이라도 뜨거운 사람이었느냐' '또 다른 말도 많고 많지만 / 삶이란 / 나 아닌

그 누구에게 / 기꺼이 연탄 한 장 되는 것'

안도현의 시에서 자주 등장하는 '~마라'는 명령문에는 칸트적 도덕관념이 강하게 묻어난다. 그렇다고 그의 시가 도덕 교과서처럼 딱딱한 것은 결코 아니다. 오히려 그 반대다. 〈그대에게 가고 싶다〉는 시에서처럼 안도현은 주로 서정성이 강한 알레고리로 사회적 메시지를 드러낸다.

'해 뜨는 아침에는 / 나도 맑은 사람이 되어 / 그대에게 가고 싶다 / 그대 보고 싶은 마음 때문에 / 밤새 퍼부어대던 눈발이 그치고 / 오늘은 하늘도 맨 처음인 듯 열리는 날 / 나도 금방 헹구어낸 햇살이 되어 / 그대에게 가고 싶다 / 그대 창가에 오랜만에 볕이 들거든 / 긴 밤 어둠 속에서 캄캄하게 띄워 보낸 / 내 그리움으로 여겨다오 / 사랑에 빠진 사람보다 더 행복한 사람은 / 그리움 하나로 무장무장 / 가슴이 타는 사람 아니냐 // 진정 내가 그대를 생각하는 만큼 / 새날이 밝아오고 / 진정 내가 그대 가까이 다가가는 만큼 / 이 세상이 아름다워질 수 있다면 / 그리하여 마침내 그대와 내가 / 하나되어 우리라고 이름 부를 수 있는 / 그날이 온다면 / 봄이 올 때까지는 저 들에 쌓인 눈이 / 우리를 덮어줄 따뜻한 이불이라는 것도 / 나는 잊지 않으리 // 사랑이란 / 또 다른 길을 찾아 두리번거리지 않고 / 그리고 혼자서는 가지 않는 것 / 지치고 상처입고 구멍 난 삶을 데리고 / 그대에게 가고 싶다 / 우리가 함께 만들어야 할 신천지 / 우리가 더불어 세워야 할 나라 / 사시사철 푸른 풀밭으로 불러다오 / 나도 한 마리 튼튼하고 착한 양이 되어 / 그대에게

가고 싶다'

안도현의 《짜장면》도 그런 범주에 속한다. 청소년 소설이라는 형식을 취하고 있지만 그 울림은 공동체 구성원 모두를 향하고 있다. 4.19라는 역사의 한 장면을 짜장면이라는 서민 음식에 입혀 저항성이 강한 동화적 인문학으로 탄생시켰다. 시인의 손을 그치면서 짜장면은 먹는 음식이 아니라 권위주의에 대한 저항, 정의로운 사회에 대한 욕망의 소재로 탈바꿈했다.

바닷가에 사는 열일곱 살의 주인공은 전교 1등을 놓친 적이 없는 모범생이다. 초등학교 교사인 아버지는 아들을 살뜰하게 챙긴다. 아들의 미술 점수가 형편없이 나오자 아들을 직접 바닷가로 데리고 나가 그림을 가르칠 정도로 아버지는 아들에게 늘 자상하다. 아버지에게서 오토바이 타는 법을 배운 아들은 친구들의 영웅이 된다. 그러나 어머니에게 아버지는 무서운 폭군이다. 아들이 오토바이 사고를 내자 아버지는 급기야 모든 것이 어머니의 책임인 양 어머니를 몰아붙인다. 심지어는 어머니에게 폭력을 행사한다. "아들이 죽기라도 했으면 어떡할 뻔 했냐"면서 사정없이 때린다. 어머니는 맞으면서도 큰 소리 한 번 내지 못한다.

아들은 집을 뛰쳐나온다. 그리고 중국 집 만리장성의 주방 보조 겸 배달원으로 취직한다. 군대식 기율을 강조하는 주방장 밑에서 단무지 써는 법, 양파 까는 법, 그릇을 씻고 가지런히 정리하는 법을 배우고 오토바이로 동네 구석구석 짜장면 배달을 다닌다. 정치, 경제, 스포츠 등 만물박사인 이발소 아저씨, 한물간 동네 미장원 순화 아줌마, 코끼리 편의점을 경영하는 퇴직 공무원 출신의 노부부는 단골손님이다. 그들을 통해 짜장면을 배달하면서 주인공은 인생을 배운다.

크리스마스를 일주일 앞둔 날 저녁, 신식 스타일의 미장원에서 주문 전화가 걸려온다. 팔보채 하나, 양장피 하나, 난자완스 하나, 삼선짜장 다섯, 짬뽕 둘, 잡채밥 하나, 볶음밥 하나, 오가피주 세 병… 만리장성 개업 이후 최대의 주문이다. 그러나 주문은 누가 장난을 친 것이다. 장난을 친 것은 어느 정신 나간 가시내다. 미장원에서 일하는 그녀는 배달온 주인공이 마음에 들어 사귈 요량으로 장난을 쳤다. 둘은 진짜 사귄다. 노래방에서 가시내가 말한다. "내 이름을 제대로 불러주는 사람이 없어. 대신 '정신 나간 가시내'란 이름으로 불리곤 하지. 중학교 때는 집을 두 번이나 나갔고, 고등학교도 그만 뒀어. 그래, 그렇지만 진짜로 정신이 나가서 그런 건 아니야."

두 사람은 매일 밤 만난다. 늦은 시간 가시내를 집까지 오토바이로 데려다주는 일은 생활의 중요한 일부분이 되었다. 가시내는 외로웠고 주인공 역시 자신의 이야기를 들어줄 사람이 있다는 것이 삶의 큰 축복이었다. 생맥주집에서 가시내는 재밌는 이야기를 해달라고 조른다. 주인공은 이런 이야기를 들려준다. "거북이가 길을 가다가 달팽이를 만났어. 거북이는 느릿느릿 걸어가는 달팽이가 안쓰러워 자기 등에 태웠어. 그러다가 굼벵이를 만났어. 거북이는 굼벵이도 태웠어. 근데 달팽이가 굼벵이에게 뭐라고 했는지 알아?"

가시내 "뭐라고 했어?" 주인공 "야, 이 새끼 졸라 빨라, 꽉 잡아."

4월 19일, 주인공은 대도시의 폭주족들이 벌이는 오토바이 폭주 행사에 참여한다. 오토바이를 타고 질주하는 폭주족들을 경찰이 막아선다. 주인공은 자신이 선두가 되어 방어선을 돌파한다. 질풍노도다. 안도현의 《짜장면》에는 이 지점에서 역사의 알레고리가 얹힌다. 짜장면은 정치적 억압, 가부장적 권위주의를 부숴버리는 청년의 열정, 도전과 모험이라는 메시지를 품은 인문학으로 바뀐다.

〈햄버거에 대한 명상〉 ──

장정일은 독특한 캐릭터의 작가다. 마광수의 《즐거운 사라》처럼 장정일의 《내게 거짓말을 해봐》도 외설 시비에 휘말린 끝에 판금이 되었다. 〈햄버거에 대한 명상〉은 장정일이 쓴 시다. '가정요리서로 쓸 수 있게 만들어진 시'라는 부제가 붙어 있다. 얼핏 보면 요리책에 나오는 레시피와 똑 같다. 그러나 시를 다 읽고 난 독자들에게 햄버거는 레시피가 아니라 절묘한 인문학으로 다시 태어난다.

"옛날에 나는 금이나 꿈에 대하여 명상했다 / 아주 단단하거나 투명한 무엇들에 대하여 / 그러나 나는 이제 물렁물렁한 것들에 대하여도 명상 하련다 // 오늘 내가 해보일 명상은 햄버거를 만드는 일이다 / 아무나 손쉽게, 많은 재료를 들이지 않고 간단히 만들 수 있는 명상 / 그러면서도 맛이 좋고 영양이 듬뿍 든 명상 / 어쩌자고 우리가 〈햄버거를 만들어 먹는 족속〉 가운데서 / 빠질 수 있겠는가? / 자, 나와 함께 햄버거에 대한 명상을 행하자 / 먼저 필요한 재료를 가르쳐 주겠다. 준비물은 // 햄버거 빵 2 / 버터 1 1/2 큰술 / 소고기 150g / 돼지고기 100g / 양파 1 1/2 / 달걀 2 / 빵가루 2컵 / 소금 2 작은술 / 후춧가루 1/4 작은술 / 상치 4잎 / 오이 1 / 마요네즈소스 약간 / 브라운소스 1/4컵 // 위의 재료들은 힘들이지 않고 당신이 살고 있는 동네의 / 믿을 만한 슈퍼에서 구입할 수 있을 것이다. // ― 슈퍼에 가면 / 모든 것이 위생비닐 속에 안전히 담겨 있다. 슈퍼를 이용하라 ― // 먼저 쇠고기와 돼지고기는 곱게 다진다. / 이때 잡념을 떨쳐라, 우리가 하고자 하는 이 명상의 첫 단계는 / 이 명상을 행하는 이로 하여금 좀 더 훌륭한 명상이 되도록 / 매우 주의깊게 순서가 만들어졌는데 / 이 첫단계에서 잡념을 떨치지 못하면 손가락이 날카로운 칼에 / 잘려, 명상을 포기하지 않으면 안 되도록 장치되어 있다. // 쇠고기와 돼지고기를 곱게 다졌으면, / 이번에는 양파 1개를 곱게 다져 기름 두른 프라이팬에 넣고 / 노릇노릇할 때까지 볶아 식혀 놓는다. / 소리내며 튀는 기름과 기분 좋은 양파 향기는 / 가벼운 흥분으로 당신의 맥박을 빠르게 할 것이다 / 그것은 당신이 이 명상에 흥미를 느낀다는 뜻이기도 한데 / 흥미가 없으면 명상이 행해질 리 만무하고 흥미가 없으면 세계도 없을 것이다. // 이것이 끝난 다음, / 다진 쇠고기와 돼지고기, 빵가루, 달걀, 볶은 양파, / 소금, 후춧가루를 넣어 골고루 반죽이 되도록 손으로 치댄다. / 얼마나 신나는 명상인가. 잠자리에서 상대방의 그곳을 만지는 일만큼 / 우리의 촉각을 행복하게 사용할 수 있는 순간은, / 곧 이 순간, / 음식물을 손가락으로 버무리는 때가 아니던가 // 반죽이, 충분히 끈기가 날 정도로 되면 / 4개로 나누어 둥글납작하게 빚어 속까지 익힌다. / 이때 명상도 따라 익는데, 뜨겁게 달구어진 프라이팬에 / 반죽된 고기를 올려놓고 1분이 지나면 뒤집어서 다시 1분간을 지져 / 겉면만 살짝 익힌 다음 불에 약하게 하여 ― 이렇게 하기 위해서는 / 절대 가스레인지가 필요하다 ― 뚜껑을 덮고 은근한 불에서 / 중심에까지 완전히 익힌다. 이때 / 당신 머리속에는 햄버거를 만들기 위한 명상이 가득 차 있어야 한다. / 머리의 외피가 아니라 머리 중심에, 가득히! // 그런 다음, / 반쪽 남은 양파는 고리 모양으로 / 오이는 엇비슷하게 썰고 / 상추는 깨끗이 씻어놓는데 / 이런 잔손질마저도 / 이 명상이 머리속에서만 이루고 마는 것이 아니라 / 명상도 하나의 훌륭한 노동임을 보여준다. / 그 일이 잘 끝나면, / 빵을 반으로 칼집을 넣어 벌려 버터를 바르고 / 상추를 깔아 마요네즈 소스를 바른다. 이때 이 바른다는 행위는 / 혹시라도 다시 생길지 모르는 잡념이 내부로 틈입하는 것을 막아준다. / 그러므로 버터와 마요네즈를 한꺼번에 처바르는 것이 아니라 / 약간씩, 스며들도록 바른다. // 그것이 끝나면, / 고기를 넣고 브라운 소스를 알맞게 끼얹어 양파, 오이를 끼운다. / 이렇게 해서 명상이 끝난다. // 이 얼마나 유익한 명상인가? / 까다롭고 주의사항이 많은 명상 끝에 / 맛이 좋고 영양 많은 미국식 간식이 만들어졌다."

햄버거를 만드는 레시피의 간편성은 자본주의적 물질문명의 찰나적 속성을 상징한다. 소멸되어 가는 인본주의의 가치를 재발견하는 방법은 인문학적 성찰, 즉 명상이다. 절묘한 시다. 인기작가 공지영도 장정일 따라 하기에 나섰다. 그녀는 최근 《딸에게 주는 레시피》라는 이름의 에세이집을 냈다.

내 전공에 인문학의 옷을 입혀보자 ──

대학에서의 전공은 다양하다. 정보통신, 게임, 연극영화, 엔터테인먼트, 경영, 국제통상, 애니메이션 등 각양각색이다. 내 전공에 인문학의 옷을 입혀보자. 그러면 무미건조한 내 전공은 행복, 열정, 도전, 꿈의 플랫폼이 될 수 있다. 내가 인문학의 옷을 입혀 이름을 불러주기 전에 나의 전공은 그저 내 밥그릇에 불과하다. 그러나 내가 만든 스토리텔링으로 이름을 불러주는 순간 그것은 아름다운 꽃으로 다시 태어난다.

20년 후 나는 어떤 모습의 삶을 살고 있을까? 내 전공이 밥그릇 수준에만 머물면 나는 그저 평범한 회사의 과장, 부장으로 다람쥐 쳇바퀴 같은 삶을 살고 있을 가능성이 높다. 그러나 인문학의 옷을 입히면 영화감독으로 우주정거장에서 메가폰을 잡고 있을 수도 있고, 유능한 정보전문가가 되어 CIA에서 테러리스트들과 머리싸움을 하고 있을 수도 있다.

첫사랑의 인문학

첫사랑은 봄이다 ——

봄에는 만물이 소생한다. 잠에서 깨어난 생명의 씨앗이 싹을 틔운다. 겨우내 얼어붙었던 대지는 봄기운을 잔뜩 받아 힘찬 기지개를 켠다. 얼음이 녹으면서 계곡 밑으로는 맑은 물이 졸졸 흐른다. 시냇가 버들가지에는 물이 차오르고, 개나리와 진달래 등 울긋불긋한 예쁜 꽃들이 지천을 수놓는다. 긴 겨울잠에 들어갔던 동물들도 자리를 박차고 일어나 제 삶터로 돌아가고, 방학 내내 굳게 닫혔던 캠퍼스의 문도 활짝 열린다. 첫사랑은 봄이다. 소리 없이 찾아오는 봄처럼 첫사랑은 예고도 없이 나를 찾아온다.

첫사랑이 찾아오면 내 몸속에 잠자고 있던 아폴로 신의 감미로운 기운이 봄꽃처럼 활짝 피어난다. 내 몸 어디에 숨어 있다가 나타나는 것인지 알 수 없을 정도로 첫사랑의 강렬한 기운은 불쑥하니

내 인생에 들이닥친다. 그 기운은 먼 산에 핀 진달래처럼 예쁘고 밤 하늘의 별처럼 빛난다. 모차르트의 자장가처럼 감미롭고 세잔의 정 물화처럼 내 마음을 따뜻하게 한다. 봄이 오지 않는 곳은 없다. 세 상의 어디에 내가 있든지 봄은 나를 찾아온다. 첫사랑도 같다. 누구 에게나 첫사랑은 찾아온다. 어느 영화의 대사처럼 우리 모두는 누 군가의 첫사랑이다.

첫사랑은 가슴으로 하는 사랑이다 ──

첫사랑은 젊음의 특권이다. 젊음이여, 청춘이여, 그걸 마음껏 누려 라. 독이 들었다고 가까이 가지 말라고 한 투르게네프의 《첫사랑》 따위는 잊어버려라. 독이 든 잔을 기꺼이 마실 수 있어야 진정한 젊 음이다. 두려움으로 물러나지 마라. 오직 앞만 보고 나아가라. 하나 님이 악을 두려워했다면 어찌 천지를 창조할 수 있었겠는가. 예수 가 광야의 시험을 두려워했다면 어찌 인류를 구원할 수 있었겠는 가. 악마와의 싸움, 광야의 시험에 겁먹지 말고 도전하고, 또 도전 하라. 가슴이 없는 청춘은 죽은 청춘이다. 첫사랑의 광기를 두려워 하지 마라. 위대한 예술과 위대한 문학은 모두 카프리치오의 축제 에서 탄생한다. 발푸르기스의 밤을 밝히는 모닥불이 꺼지면 청춘의 봄날도 간다. 뒤돌아서서 아쉬운 손짓을 짓는 순간 그대의 첫사랑 은 차가운 화석으로 굳어버릴지니 결코 후회는 남기지 마라.

아름다운 선율로 하데스와 페르세포네를 감동시켰던 오르페우 스도 뒤돌아보는 순간 에우리디케를 잃어버리지 않았던가. 명계를 떠난 뒤 오르페우스는 다시 그곳으로 돌아갈 수 없었나니. 첫사랑 에우리디케는 영원히 명계에 머물고 이승으로 돌아온 오르페우스는 회한으로 세상을 저주하다가 갈기갈기 몸이 찢기지 않았던가. 청춘이여, 뒤돌아보지 마라. 후회를 남기지 마라. 청춘의 첫사랑은 청춘만이 누릴 수 있는 청춘의 전유물이다.

청춘이여, 첫사랑을 계산기로 두드리지 마라. 별이 그대를 유혹하면 별을 따라가고, 음악이 그대를 유혹하면 음악의 리듬에 그대의 몸을 맡겨라. 길을 잃을까 두려워서 별을 포기하지 말고, 몸이 망가질까 두려워 스스로 내 몸의 신명을 몰아내지 마라. 머뭇거리지 말고 주춤거리지 말고 첫사랑과 마음껏 이야기하고 마음껏 데이트를 즐겨라. 첫사랑은 머리가 아니라 가슴으로 하는 사랑이다. 첫사랑이 아름다운 것은 첫 번째 사랑이기 때문이 아니라 가슴으로 하는 사랑이기 때문이다.

첫사랑은 성장이다 ──

'처음 널 봤을 때 왠지 다른 느낌 / 너와 함께 말하고 싶어 웃을 때마다 이 마음을 알아가 / 이젠 널 볼 때마다 나의 맘이 너무나 커져 이젠 나의 시간은 / 항상 너와 웃으며 이 밤을 그리워하며 하루를 아쉬워하며 또 너를 기다리겠지 / 나는 어떡하죠 아직 서툰데 이 마음이 새어나가 커져버린 내 마음이 자꾸만 새어나가'라는 버스커 버스커의 〈첫사랑〉 노랫말처럼 첫사랑은 성장하는 속성을 가졌다.

봄의 씨앗이 대지의 새로운 기운을 받아 새싹이 되고 온전한 식물로 자라듯이 첫사랑은 인생을 성장시키는 원동력이다. 인생이 열매를 맺고 꽃을 피울 수 있는 것은 첫사랑이라는 시작이 있기 때문이다. 첫사랑의 향기는 너무도 진해서 감추고 싶어도 감출 수가 없다. 첫사랑은 사향과 같다. 겹겹으로 싸서 깊숙이 감추어도 그 향기가 새어나가는 사향처럼 첫사랑의 감정은 꽁꽁 묶어둘 수 없다. 아무리 튼튼하게 묶어도 금방 터져버린다. 첫사랑을 통해 내 삶은 풍요로워지고, 내 인생은 부쩍 그 키가 자란다.

다소의 아픔이 있어도 그것은 더 크기 위한 성장통이다. 키가 자라날 때 무릎이 시린 것처럼 첫사랑으로 마음이 시려도 그만큼 나는 성장한다. 아픈 만큼 성장하고 아픈 만큼 성숙한다. 첫사랑의 감정을 숨기기보다는 활짝 드러내서 내 성장의 밑거름으로 삼으라. 첫사랑으로 나를 설레게 하는 사람이 있으면 과감하게 고백을 하라. 혹시라도 고백을 받아주지 않으면 어쩌지, 나를 싫다고 하면 어쩌지 하는 마음으로 첫사랑의 감정을 묶어두지 마라. 실패한 고백은 성장의 발판이 될 수 있지만 감추어둔 고백은 내 마음에 병만 키울 뿐이다.

첫사랑은 변화의 에너지다 ——

첫사랑이 나를 찾아오면 내 인생은 긍정적으로 변한다. 내 헤어스타일이 바뀌고, 내 옷매무시가 바뀐다. 내 다이어리에서 구름과 어둠은 걷히고 무지개가 돋는다. 〈개그콘서트〉의 김수영은 헬스와 첫사랑에 빠졌다. 첫사랑에 빠진 김수영의 변화를 우리는 매주 지켜보았다. 몸무게를 재는 저울의 눈금이 바뀌고, 보디라인이 바뀌었다.

첫사랑이 가져다주는 변화의 힘은 무섭다. 혁명적이다. 중생을 첫사랑으로 삼은 싯다르타는 왕자의 신분에서 평민의 신분으로 스스로를 바꿨다. 역사를 첫사랑으로 삼은 사마천은 자신의 생식기를 잘라내고, 감옥을 서재로 바꿨다. 《좁은 문》에서 첫사랑 알리사를 위해 제롬은 스스로를 작게 줄였으며, 마음속에 남아 있던 모든 이기심을 비웠다. 모든 것을 알리사에게 맞춰 바꾸고, 다듬었다.

청춘은 첫사랑을 만나기 위해 아침에 일어나는 습관을 바꾸고, 식탁을 바꾸고, 세상과의 관계를 바꾼다. 소심하던 나의 성격은 어느새 적극적으로 바뀌고, 매사를 부정적으로 바라보던 나의 가치관은 매사를 긍정적으로 보는 가치관으로 바뀐다. 상대의 섬세한 감정을 헤아리려 노력하다 보니 어느새 그동안 무관심했던 이웃과 타인을 이해하고 배려할 줄 아는 건강한 시민으로 바뀐다. 첫사랑은 이기적 유전자를 이타적 유전자로 바꾼다. 첫사랑은 문화를 바꾸고, 정치를 바꾸고, 세상을 바꾸고, 인류의 DNA까지 바꾼다. 첫사랑은 세상을 바꾸는 긍정의 에너지다.

첫사랑에는 마침표가 없다 ——

첫사랑은 내 인생의 끝까지 나와 같이한다. 내 삶이 끝나는 순간까지 나와 함께한다. 고통의 순간이든, 기쁨의 순간이든 내 마음속에 내 몸속에 끝까지 남아 있다. 첫사랑은 바로 나 자신의 생명이고 내 영혼의 숨결이다. 내가 죽는 순간 비로소 나와 함께 무덤에 묻힌다. 무수히 많았던 느낌표와 함께. 나는 결코 내 첫사랑의 마침표를 찍을 수 없다. 그러니, 청춘이여, 어찌 첫사랑을 게을리 할 수 있겠는가. 첫사랑에 열중하고, 첫사랑에 취하고, 첫사랑을 위해 모든 열정을 바쳐라. 첫사랑은 내 인생의 주춧돌이고, 내 운명의 플랫폼이다.

제12강

사유의 확장과 인문학

사유의 확장과 인문학

익숙한 것에 정서적 유대감을 쉬 느끼는 것은 인지상정이다. 어머니와 고향은 그래서 늘 친숙하고, 그립고, 다정하다. 문명의 출발선은 익숙함이다. 그러나 문명의 성장은 낯선 것들과의 만남을 통해서 이루어진다. 이질적인 것들과의 만남과 대립, 화해가 없으면 문명은 제자리걸음을 면치 못한다. 사고의 확장을 위해서는 인문학적 훈련이 필요하다. 낯선 것들도 익숙한 것들처럼 사고할 수 있어야 하고, 익숙한 것에 대해서는 관성을 뛰어넘어 탄력적으로 창의적으로 사고할 수 있어야 한다. 그래야 사람도, 사회도, 문명도 성장한다.

이번 강의에서는 도리스 레싱, 치누아 아체베, V. S. 나이폴과 같은 다소 낯선 작가의 작품을 소개한다. 이들 작가의 작품을 통해 우리는 낯섦과 익숙함의 인문학적 의미를 깊이 들여다본다. 이 강의는 세상을 보는 청춘들의 인문학적 눈을 확장시키는 데 도움을 줄 것이다.

낯선 대륙의 아리랑 ──

아프리카는 우리에게 낯선 대륙이다. 언어, 풍습, 종교, 지리 등 모든 것이 낯설다. 아프리카 원주민들은 더럽고, 지저분하고, 냄새나는 인종이다. 평등한 인간이 아니라 채찍으로 다스려야 할 미개인들이다. 도리스 레싱의 《풀잎은 노래한다》는 아프리카를 배경으로 한 소설이다. 풀잎은 아프리카 원주민들의 저항, 인권, 진실을 상징하는 알레고리다.

'풀이 눕는다 / 비를 몰아오는 동풍에 나부껴 / 풀은 눕고 / 드디어 울었다 / 날이 흐려서 더 울다가 / 다시 누웠다 // 풀이 눕는다 / 바람보다도 더 빨리 눕는다 / 바람보다도 더 빨리 울고 / 바람보다 먼저 일어 난다 // 날이 흐리고 풀이 눕는다 / 발목까지 / 발밑까지 눕는다 / 바람보다 늦게 누워도 / 바람보다 먼저 일어나고 / 바람보다 늦게 울어도 / 바람보다 먼저 웃는다 / 날이 흐리고 풀뿌리가 눕는다'

김수영이 이렇게 시로 읊었던 풀잎을 도리스 레싱은 소설로 풀어냈다. 조국을 잃은 식민지 민중의 아픔과 백인들에게 억압당하는 아프리카 흑인의 한은 본질적으로 같다. 아프리카의 풀잎이 노래하는 원주민들의 한은 낯선 대륙의 아리랑이다.

주인공 메리 터너는 남아프리카공화국 남로디지아의 느게시에서 농장을 경영하는 리처드 터너의 부인이다. 결혼하기 전 메리는 매우 싹싹한 여성이었다. 직장에서는 인기 만점이었다. 회사에서 손님 접대할 일이 있을 때 메리는 언제나 섭외 1순위였다. 그러나 이러한 메리의 사회성은 백인을 상대할 때만 나타나는 제한적 특성이었다.

결혼한 후 메리는 농장에서 만난 흑인 원주민들을 경멸의 눈빛으로 바라본다. 메리는 유방을 드러내놓은 채 아이들에게 젖을 물리는 흑인 여자들을 보면서 피가 거꾸로 솟는 것 같은 느낌을 받는다. 흑인들에게서 나는 역겨운 냄새 때문에 심하게 구역질을 하기도 한다. 흑인들의 얼굴을 박박 문질러 피부를 벗겨내려는 듯 메리는 식탁과 의자와 그릇을 사정없이 문질러댄다. 남편이 흑인들은 오히려 백인들에게서 나는 냄새를 역겨워한다면서 메리에게 참으라고 말하지만 메리의 사전에는 문화적 상대주의와 관용이라는 단어가 없다. 메리는 철저한 백인 우월주의에 사로잡힌 불관용주의자다.

급기야 메리는 옥수수 수확을 하는 도중 목이 말라 잠시 쉬고 있는 모세에게 채찍질을 한다. 게으른 흑인에게 필요한 것은 오직 채찍이 있을 뿐이다. 그것이 메리의 철학이다. 메리는 흑인들이 경찰에 신고할까 봐 불안해하면서도 끝까지 채찍을 내려놓지 않는다. 영국 인권주의자들 세력하에 있는 남아공 정부는 백인 농장주들에게 증오의 대상이다. 그들은 정부가 쓸데없이 개입하는 바람에 깜둥이들을 강제로 트럭에 실어 와서 마음껏 일을 시킬 수가 없다고 불평을 늘어놓는다.

인종주의에 대한 불편한 진실 ——

메리는 결국 모세에게 살해당한다. 메리는 스스로 죽음의 싹을 잉태한 셈이다. 메리 살인 사건을 대하는 경찰과 언론의 태도에도 인종주의에 대한 불편한 진실이 숨어 있다. 경찰은 자세한 범행 동기를 밝히지 않은 채 귀중품을 노린 단순 살인 사건으로 추측된다며 서둘러 사건을 종결해버린다. 언론도 독자 투고 형식의 단신으로만 처리할 뿐 이 사건에 특별한 비중을 두지 않는다. 지배계급을 형성하고 있는 백인 사회에서도 이 사건을 쉬쉬한다. 진상이 밝혀질 경우 일어날 사회적 파장이 두려운 탓이다.

메리의 고립주의를 비난하는 목소리가 전혀 없는 것은 아니다. 정의감에 불타는 진보적 지식인들은 메리의 경박한 처신에 분노를 표한다. 리처드 부부에게서 농장을 인수한 찰리 슬래터가 임시 관리인으로 고용한 토니가 대표적인 인물이다. 토니는 이 사건의 배후에 숨어 있는 인종주의적 장벽을 간파하고 있다. 그러나 그도 결국 진실을 외면한 채 농장을 떠난다. 토니는 나약한 지식인이다.

도리스 레싱은 《풀잎은 노래한다》에서 백인 사회의 인종주의적 편견과 지식인들의 나약함에 대해 날카로운 메스를 들이대고 있다. 메리가 모세에게 휘두른 채찍은 인종에 대한 각종 차별주의를 상징한다. 채찍은 곳곳에 깊숙한 상처를 남긴다. 상흔은 경제적 불평등, 인권 탄압, 차별 등의 다양한 변종으로 나타난다.

오늘날에도 아프리카의 이미지는 크게 개선되지 않고 있다. 저스틴 새코라는 미국 여성의 사례가 이를 잘 보여준다. 새코는 잘

나가는 인터넷 기업 IAC의 홍보 임원이었다. 2013년 12월 남아프리카공화국으로 가면서 새코는 "아프리카로 여행 간다. 에이즈에는 안 걸렸으면 좋겠다. 근데 농담이야. 난 백인인데 뭐!"라는 글을 트위터에 올렸다. 새코의 팔로워는 170명밖에 안 되었지만 팔로어 1만 5000명 이상을 가진 파워 트위터가 이 글을 리트윗하면서 새코는 졸지에 정신 나간 인종차별주의자가 되었다. 회사는 부정적인 파장을 차단하기 위해 새코를 즉각 해고한다.

《뉴욕타임스》는 새코에 관한 뉴스를 심층 분석하면서 "무심코 인터넷에 올린 글 때문에 인생 종칠 수도 있으니 입 조심, 아니 손가락 조심하라"는 메시지를 던진다. 국내 언론도 SNS의 사회적 폐해를 거론할 때 새코를 단골로 인용한다.

새코 사건을 이렇게 바라보는 것은 메리 터너 사건을 귀중품을 노린 단순 살인 사건으로 치부해버리는 남아공 지배계급들의 인식과 같다. 새코의 글로 볼 때 그의 내면에 인종주의의 그림자가 보이는 것을 부인할 수는 없다. 그것이 농담이었다 하더라도 결과는 다르지 않다. 밀란 쿤데라가 《농담》에서 보여주고 있듯이 농담은 그로테스크한 자기 고백이다.

심층 분석이라면 마땅히 새코의 성장 배경과 문화적 관습 등을 깊숙이 들여다본 후 인종주의의 흔적이 있는 지 없는 지 판단했어야 옳다. 《뉴욕타임스》는 인종주의라는 프레임을 사회관계망 프레임으로 슬쩍 바꿔버림으로써 균형 있게 사건을 분석하지 못했다.

새코는 잘나가는 인터넷 기업의 홍보 담당 임원이었다. 메리 터너도 결혼 전 다니던 직장에서 꽤나 인정받던 커리어 우먼이었다. 새코와 메리의 사회적 기여도, 명성, 평판이 그들의 내면에 잠재하고 있는 인종주의적 벽을 정당화할 수는 없다. 특정 국가가 국제사회에서 잘나가는 강대국이라고 해서 그 나라의 차별주의적 문화와 관습이 정당화될 수 없는 것과 같은 이치다. 만일 그러한 논리가 성립된다면 게르만 우월주의, 유대인 선민사상, 중화중심주의 등 모든 민족적, 종교적 가치가 배타적 특권을 가진다. 극단적 이슬람 테러리스트들이 외치는 '알라후 아크바르'도 같은 맥락에 놓이게 된다. 그래서 니체의 자라투스트라는 이렇게 말한다. "그대들에게 민족의 징표를 말해주고자 한다. 모든 민족은 선과 악에 대해 말하는 자신의 혀를 가지고 있으나, 이웃 민족은 그 혀를 이해하지 못한다. 각각의 민족은 관습과 법안에서 자신의 언어를 만들어냈던 것이다."

낯섦을 바라보는 방식 ——

낯선 것들을 바로 보기 위해서는 타자의 시선에서 벗어나야 한다. 타자의 시선은 지배와 피지배, 감시와 처벌이라는 권력적 프레임을 고착시킨다. 타자의 시선으로 낯선 것을 바라보면 낯섦은 영원히 낯섦으로 남는다. 치누아 아체베의 《모든 것이 산산이 부서지다》는 내재적 시선으로 아프리카를 바라본 작품이다.

　주인공 오콩코는 아프리카의 전통적 정체성을 상징하는 인물이다. 오콩코는 나이지리아 동부 이보 족 태생이다. 이보 족은 오콩코의 고향인 우무오피아를 비롯하여 음바이노, 음반타 등 아홉 개 촌락에 흩어져 살고 있다. 오콩코는 자신의 두 손으로 건실한 업적을 일구었다. 탁월한 씨름 기술과 용감함으로 오콩코는 '남자 중의 남자' '위대한 전사'라는 사회적 명예를 얻었다. 그는 부락의 존경받는 인물이다. 오콩코의 근육과 남성미는 아프리카의 원시적 자연을 닮았다. 오콩코의 아버지 우노카는 아프리카 원주민들의 낙천성과 게으름을 상징하는 인물이다. 오콩코와는 대립적 캐릭터로 설정된다.

아체베는 내재적 시선으로 아프리카를 바라보지만 균형감각을 잃지 않는다. 그의 작품이 지역적 한계를 넘어 인류의 보편성을 획득한 것은 그 때문이다.

우노카는 피리를 매우 잘 불었다. 에크웨(나무로 된 북), 우두(도자기로 만든 북), 오게네(징)와 함께 아프리카 전통 민속음악을 연주하는 그의 모습에 주민들은 넋을 잃는다. 마을 잔치는 그의 독무대다. 우노카는 친구들에 대한 우정도 두텁다. 그러나 우노카는 농사일에는 별 관심이 없다. 가족도 근근이 먹여 살린다. 빚이 산더미처럼 쌓이지만 인심을 잃지 않은 덕분에 파산은 면한다. 빚을 갚으라며 집으로 찾아온 이웃에게 우노카는 "해는 무릎을 꿇고 있는 사람보다 그 앞에 서 있는 사람에게 먼저 비친다"면서 큰 빚부터 갚고 천천히 갚겠다고 돌려보낸다.

오콩코는 절대로 이러한 아버지를 닮지 않겠다고 맹세한다. 오콩코에게 아버지는 남자가 아니라 여자였다. 땀 흘려 열심히 일한 덕분에 오콩코의 창고에는 언제나 얌(원주민들의 주식)이 가득했다.

부를 바탕으로 세 번째 부인도 얻었다. 아프리카에서 부인의 수는 부와 명예, 권력의 상징이다. 남아공의 주마 대통령은 최근 여섯 번째 부인을 맞았다. '곳간이 가득차야 영욕을 안다'는 관자의 목민사상은 아프리카 오콩코에게도 적용되고 있다. 아프리카 전통 사회는 나이 든 어른이 존경의 대상이다. 그러나 업적 또한 존경의 대상이다. 근면함으로 일군 부는 업적 가운데 가장 두드러진 것이다. 아프리카에는 어린이도 손을 씻으면 왕과 함께 식사를 할 수 있다는 속담이 있다.

타인의 시선과 나의 시선 ——

아프리카는 흔히 저개발underdeveloped 지역으로 묘사된다. 저개발은 대표적인 서구중심주의적 프레임이다. GNP 수준과 도시화 등을 기준으로 사회 발전의 정도를 측정하는 서구 학자들의 시각에서 볼 때 아프리카는 개발이 가장 덜 된 지역이다. 이런 기준에서 볼 때 아프리카는 정치적으로 후진성을 벗어나지 못하고 있다.

그러나 국가와 정부를 하드웨어가 아니라 소프트웨어로 인식할 때 오콩코의 우무오피아도 근대적 국가의 형태를 띠고 있다. 입법과 사법의 기능이 혼재되어 있지만 공동체의 의사결정 과정이 국민들의 일반의지를 자연스럽게 구현하고 있다. 우무오피아의 장터는 아고라, 의회의 구실을 한다. 집회의 소집은 징으로 한다. 이때의 징은 윌리엄 골딩의 《파리대왕》에서 랠프가 회의를 소집할 때 부는 소라와 같다. 징은 알레고리가 아니라 실물적 장치라는 점에서 소라와 다를 뿐 정치적 기능은 같다.

장터에는 만 명 정도의 남자가 모인다. 우무오피아의 의회는 직접 민주주의가 구현되는 모양새를 취한다. 의제는 전쟁 선포에 관한 것이다. 토론에는 누구나 자유롭게 참여할 수 있다. 의장 격인 오그부에피 에제우고는 연설을 통해 청중에게 의제를 설명한다. "음바이노 부락의 젊은 청년들이 우무오피아의 딸을 무단히 살해했다. 최후통첩을 음바이노에 전달하고 청년과 처녀 한 명을 각각 배상으로 요구한다. 음바이노가 우리의 정당한 요구를 거부하면 전쟁에 돌입한다"는 것이 연설의 요지다. 우무오피아의 관습적 규범은 국제사회의 합리적 상규를 크게 벗어나지 않고 있다. 전쟁의 정당성도 확보되고 있다. 국가의 주요 사무에 대한 의사결정 과정을 놓고 볼 때 아프리카는 결코 정치적 저개발 지역이 아니다. 문명화의 문턱을 훌쩍 넘어섰다. 무력을 사용하기 전에 외교관을 파견해 최후통첩을 전달하는 것으로도 아프리카의 문명 수준을 짐작할 수 있다.

외교사절로 파견된 사람은 오콩코다. 음바이노의 수뇌부는 오콩코를 엄격한 예의와 존경 속에 받아들인다. 그리고 전쟁 대신 우무오피아의 요구를 받아들인다. 우무오피아는 이보 족의 아홉 개 부락 가운데 가장 힘이 세지만 일방적으로 이웃을 침략하지 않는다. 음바이노는 그들의 요구가 정당한 것으로 판단하고 전쟁대신 평화를 선택한다. 마을의 대표들이 모여서 송사를 처리하는 장면도 근대 사법체계와 다르지 않다. 피고인과 고소인에 대한 신문에 이어

증인 심문 절차를 거쳐 대표들은 공정하게 판결을 내린다. 아내에 대한 구타 사건, 토지 소유권 등 시민사회의 모든 쟁점이 시민들이 지켜보는 공개 법정에서 옳고 그름이 가려진다.

문명과 반문명 ──

이케메푸나는 음바이노 부락이 전쟁을 피하기 위해 우무오피아에 제공한 남자다. 함께 온 여자아이는 딸이 죽은 집안으로 귀속되고, 이케메푸나는 오콩코가 거두어 키운다. 전쟁을 회피한 대가로 우무오피아와 음바이노 사이에 이루어진 이 거래는 노동력의 교환이라는 점에서 매우 합리적이다. 근친상간이라는 금기와 족외혼을 노동력의 교환이라는 관점에서 바라보는 레비스트로스의 생각과 부합된다. 이케메푸나는 오콩코의 집안에 발을 들인 후 처음에는 음식도 제대로 먹지 못할 정도로 적응을 잘 못한다. 그러나 오콩코를 비롯한 식구들은 이케메푸나를 이방인이 아니라 가족의 일원으로 받아들인다.

낯선 것에 대한 수용성이라는 측면에서 우무오피아는 매우 선진화되어 있다. 그러나 아체베는 이 장면에서도 균형감각을 잃지 않는다. 이케메푸나를 막연한 해피엔딩이 아니라 냉정하게 서사적으로 처리함으로써 아프리카의 반문명적 속성을 폭로한다. 이케메푸나는 3년이라는 약정 기간이 경과한 후 음바이노로 돌려보내는 길에서 살해된다. 신의 계시에 따른 결정이다. 이케메푸나를 살해한 사람은 오콩코다. 그를 아버지라고 따르던 이케메푸나를 죽인 후 오콩코는 식음을 전폐할 정도로 고통스러워한다. 그러나 그것이 반문명적 범죄에 면죄부를 부여하지는 않는다.

오콩코는 부인들과 자식들에게도 매우 권위적이다. 아프리카 가정의 질서는 수평적 인간관계가 아니라 수직적인 신분관계를 특징으로 한다. 일부다처제는 오늘날에도 그대로 유지되고 있다. 아체베의 작품 속에는 가족의 식사 장면이 자주 등장한다. 부인 셋이 각자 요리를 해서 첫 접시를 오콩코에게 바친 후 비로소 식사를 하는 것이 우무오피아의 전통이다. 여성이 남성에게 주종 관계로 묶여있지만 여성에 대한 남성의 지배적 권리가 무제한 허용되는 것은 아니다. 안식주간에 둘째 부인에게 손찌검을 한 오콩코는 무당 에제아니로부터 벌금형에 해당하는 처벌을 받는다.

일반적으로 아프리카는 만성적 기근에 시달리고 있는 것으로 알려져 있다. 그러나 아체베는 이러한 상식을 깨뜨린다. 새 얌의 수확을 축하하는 축제 바로 전날 저녁 우무오피아에서 가장 먼저 하는 것은 묵은 얌을 폐기 처분하는 것이다. 새해는 지난해의 쭈글쭈글하고 딱딱해진 얌이 아니라 맛있고 신선한 얌과 함께 시작하는 것이 우무오피아의 관습이다. 식량 부족이란 먼 나라 이야기다. 축제 때 준비한 음식의 양이 워낙 많아서 가족이 아무리 배불리 먹어도 남는다. 이웃 마을에서 아무리 많은 친구와 친척을 초대해서 대접을 해도 음식이 남아돌 정도다. 부잣집 축제에서는 손님들 앞에 푸푸 요리(얌을 으깨서 만든 전통 요리)를 산더미처럼 쌓아 놓아 그 너머에 무슨 일이 있는지 알 수 없을 정도다. 반대편에 있는 사람들은 저녁 늦은 시간이나 되어야 서로의 얼굴을 볼 수 있다.

합리적 신탁과 주술적 관행 ——

아체베는 아프리카의 종교, 결혼식, 장례식과 같은 전통 문화에 대해 자세하게 묘사하고 있다. 관점은 일관성을 유지한다. 음지와 양지를 고루 조명한다. 우무오피아는 깊은 산속에 신전을 모시고 신의 대리인인 무당을 통해서만 소통한다. 무당은 여자다. 신전을 산속에 두는 점에서만 다를 뿐 아프리카의 종교적 관습은 그리스의 종교와 비슷하다. 그리스는 델피 등의 도시에 신전을 두고 여자 사제가 신탁을 내린다. 교회와 목사, 성당과 신부 등으로 신전과 대리인의 형태만 조금씩 다를 뿐 기독교나 가톨릭과 같은 서구를 대표하는 종교의 제례의식도 이와 크게 다르지 않다. 그래서 서구적 관점에서 아프리카의 토착 종교를 미개하다고 깎아내리는 것은 옳지 않다.

특히 아프리카 토착신의 대리인 무당의 신탁은 매우 합리적이다. 오콩코의 아버지 우노카가 자신의 작물이 풍성하지 않다고 불평하자 무당은 수확이 좋고 나쁜 것은 본인의 팔에 달린 것이라는 신탁을 내린다. 그리고 돌아가서 남자답게 일하라고 충고한다. 아프리카의 종교는 초월적 미신이 아니라 현실적 합리성에 기반하고 있다. 그러나 쌍둥이를 낳으면 무조건 악령의 숲에 버리게 한다든지, 죽은 아이를 난도질해 그의 영혼이 다음에 태어날 아이에게 미치지 못하게 하는 것과 같은 주술적 관행은 문명의 기준에 미치지 못하는 종교의 악습이다.

노동력의 교환과 망명 ——

결혼은 신부가 신랑의 집으로 시집가는 것이 관례로 되어 있다. 노동력이 중시되던 농경사회의 일반적인 결혼 관습과 같다. 노동력을 받는 대가로 신랑 측이 신부 측에 지참금 형태의 대가를 지불하는 관행도 같다. 장례식이 엄숙하게 치르지는 것도 여느 문명사회의 모습과 같다. 부락의 존경받는 어른의 장례식은 국장에 버금가는 형태로 치러진다. 모든 주민들이 장례식에 참석하고, 애도의 북을 울리고, 총과 포를 쏜다. 위대한 전사의 장례식에서는 남자들이 미친 듯이 주변을 뛰어다니면서 나무와 동물을 보이는 대로 베어 버리고 담을 넘어 지붕에서 춤을 춘다.

아체베는 아프리카의 전통적인 장례에 숨어 있는 부정적인 관행도 숨김없이 보여준다. 총을 쏘는 과정에서 인명 사고가 발생하는 것이 대표적인 악습으로 지적되고 있다. 아체베는 오콩코의 격발 사고를 그린다. 오콩코는 장례식이 진행되는 과정에서 실수로 망자의 아들을 쏘아 죽인다. 그 대가로 오콩코는 마을에서 추방되어 어머니의 고향인 음반타로 망명을 떠난다. 망명 기간은 7년이다. 의도적인 살인이 아니었기 때문에 정상이 참작된 결과다. 아프리카의 사법체계는 매우 근대적이다.

제국주의와 정체성의 파괴 ——

오콩코가 음반타로 추방되어 있을 때 우무오피아에는 영국계 백인들이 야금야금 침투해 들어온다. 마침내 아프리카적 정체성은 심각하게 파괴된다. 종교와 무역, 교육 시설, 병원 등을 내세워 부락과 원주민을 파고드는 것은 일반적인 제국주의의 침탈 경로 그대로다.

가장 먼저 들어온 것은 기독교 선교사다. 원주민들이 낯선 백인 한 사람을 잡아 죽이자 백인들은 원주민 부락 하나를 완전하게 폐허로 만든다. 제국주의는 비례적 대응이라는 문명국의 보편적 원칙을 무시하고 아프리카를 침탈해 들어갔다. 원주민들은 기독교로 개종하는 사람들을 부족의 쓰레기라고 부르며 거부감을 나타낸다. 그러나 기독교의 힘은 강하다. 악령의 숲에 교회를 세우지만 모두의 예측과 달리 기독교 선교사는 죽지 않는다. 교세는 갈수록 확장된다. 유화적인 자세로 포교 활동을 하는 선교사의 영향력도 크게 작용했다. 오콩코는 새로운 종교에 관심을 보이는 장남 은워예를 구타한다. 은워예는 집을 나가 기독교에 귀의한다. 그에게 오콩코는 이제 아버지가 아니다.

제국주의의 마지막 단계는 정치적 식민지화다. 우무오피아도 같은 경로를 밟는다. 선교사들에 이어 정부 관리들이 파견되어 행정과 사법권을 장악한다. 마을에는 재판소와 감옥소, 교수대가 세워진다. 코트마라고 불리는 전령은 식민지 정부와 아프리카 원주민 부락을 연결하는 하급 관료다. 이러저러한 죄목으로 감옥에 간 원주민들은 코트마들에게 구타를 당하고 매일 아침 정부 건물을 청소하고 백인 판사와 코트마를 위해 땔감을 마련해야 했다.

아프리카의 정신, 죽음으로 항거하다 ——

7년의 유배 생활을 끝내고 오콩코가 우무오피아에 돌아왔을 때는 식민침투가 깊숙이 진행된 후였다. 오콩코는 온 몸으로 저항하지만 대세를 돌이키기에는 역부족이다. 투쟁을 다짐하는 오콩코에게 절친한 친구이자 위대한 전사인 오비에리카마저도 때가 늦었다며 투쟁을 포기한다. 그러나 오콩코는 아프리카의 정체성을 지키기 위해 끝까지 외로운 투쟁을 계속한다.

브라운 선교사의 후임으로 파송된 스미스는 강경주의자다. 그는 아프리카의 전통을 무속적 미신으로 단정하고 공격적이고 파괴적인 태도로 기독교를 전파한다. 그의 포교 방식은 원주민들과 정면으로 충돌한다. 교회는 원주민들의 습격으로 잿더미가 된다. 우무오피아는 후폭풍에 휩싸인다. 부족의 대표가 모두 소환되어 감옥에 감금된다. 식민정부의 치안판사는 무거운 벌금형을 선고한다. 코트마는 수감된 부족 대표들의 머리를 모조리 밀어버린다. 그리고 개패듯이 몽둥이로 구타한다.

대표들이 석방된 후 대응책을 마련하기 위해 부족 회의가 긴급하게 소집된다. 코트마는 이 집회를 해산하라고 종용한다. 오콩코는 그의 머리를 도끼로 찍어버린다. 그 후 오콩코는 뒷산에서 목을 매 자살한다. 아체베는 오콩코를 통해 죽음으로 식민지배에 항거한 아프리카의 정신을 그리고 있다. 아래 우화에 나오는 갈라진 거북의 등짝은 기망과 욕망으로 아프리카를 침탈하다가 저항에 부딪혀 산산이 부서진 제국주의의 모습이다.

거북의 등짝이 갈라진 이유 ──

옛날 옛적 모든 새들이 하늘의 잔치에 초대되었다. 거북이도 잔치에 가고 싶어 안달이다. 하지만 날개가 없어 갈 수가 없다. 거북이는 새들에게 애원한다. 깃털 하나씩만 빌려달라고. 새들은 인정을 베푼다. 그래서 거북이도 하늘의 잔치에 가게 되었다.

새들과 함께 하늘로 날아가면서 거북이 말한다. "애들아, 우리 먼저 이름을 정하자. 내 이름은 '그대들 모두'야." 새들도 각자의 이름을 정한다. 하늘나라에 도착한 새들과 거북은 푸짐한 잔칫상을 받는다. 음식을 먹기 전에 거북이 물어본다. "이 음식은 누구에게 내리는 것입니까?" 하늘나라의 임금님이 말한다. "그대들 모두에게 내린 것이다." 거북이는 새들에게 말한다. "애들아, 들었지? 이 음식은 나한테 주신 거야." 그러면서 거북이는 음식을 먹어 치운다. 새들은 음식 부스러기를 주워 먹는다. 화가 난 새들은 거북이에게서 깃털을 모두 회수해서 지상으로 내려가 버렸다.

졸지에 하늘에 버려진 거북이는 앵무새에게 부탁한다. "앵무새야, 지상에 내려가거든 우리 집에 가서 내 마누라한테 마당에 푹신한 것들을 잔뜩 좀 깔아두라고 말해줘." 앵무새는 평소에는 말을 그대로 따라하는 습관이 있었지만 거북이에게 화가 나서 정반대로 전했다. 마당에 딱딱한 것들을 잔뜩 깔아 달라고.

하늘에서 거북이가 내려다보니 집 마당에 뭔가 잔뜩 깔려 있다. 그것은 곡괭이, 도끼, 창, 총, 대포와 같은 것들이었다. 위에서 볼 때 잘 분간이 가지 않아 거북이는 그것이 푹신한 것이라고 생각하고 하늘에서 뛰어내렸다. 거북이는 죽지 않고 살았다. 그렇지만 등껍질은 산산이 부서졌다.

익숙한 것에 대한 사유 ──

낯섦과 익숙함의 기준은 경험이다. 경험 전의 낯섦은 경험 후 익숙함으로 바뀐다. 관습화된 경험이 익숙함이다. 익숙함은 매몰적 환경을 탄생시킨다. 여기서는 시야가 고정되고 상상력은 고갈된다. 그래서 이러한 환경에서는 부조리를 바로 인식할 수 없다. 권태로운 일상 속에 매몰된 자아를 깨우기 위해서는 탈출이 필요하다. V. S. 나이폴의 《미겔 스트리트》는 익숙함에 매몰된 관습적 부조리를 폭로하고 있는 작품이다. 우리에게는 다소 생소하지만 2001년 노벨 문학상을 수상한 작품이다.

나이폴이 트리니다드를 떠나기 전까지 미겔 스트리트는 권태로운 곳이었다. 노동은 생산적 가치를 창출하지 못하는 무위의 반복이었고, 시장은 발전적 전망이 결여된 단순한 일상적 욕망의 거래소에 불과했다. 시민사회와 가정은 음주와 도박, 폭행과 구타, 사기와 기망이 일상화된 게토였다. 상류층들은 미국의 식민주의 정책과 제2차 세계대전의 향배에만 촉각을 곤두세울 뿐 주체적 통치 역량을 갖추고 있지 못했다. 패거리는 존재했지만 새로운 비전을 창출

할 정치적 주도세력은 없었다. 공동체적 유대감이 없었던 것은 아니지만 그렇다고 민족주의적 이상으로 고양되기에는 한참 모자랐다. 나이폴이 매몰되어 있었던 미겔 스트리트는 실패와 좌절의 도시였다. 성공 신화는 어디에도 없었다. 나이폴은 허풍쟁이, 도박꾼, 사기꾼을 시인과 예술가, 메시야로 인식했다. 익숙함이 진실을 배반하고 있었던 것이다.

권태와 무위의 도시 ──

보가트는 월세 8달러짜리의 허름한 방에서 카드 패나 뜨면서 무위도식하는 떠돌이다. 보가트의 직업은 재단사다. 하지만 그는 일하는 척만 할 뿐 옷다운 옷은 단 한 벌도 만들지 않는다. 돈이 떨어질 때 쯤 보가트는 미겔 스트리트를 슬쩍 떠난다. 영국령 가이아나, 브라질 등지를 떠돌면서 밀수나 인신매매에 가담해서 돈을 조금 만지게 되면 다시 미겔 스트리트로 돌아온다. 그리고는 권태로운 일상을 반복한다. 그러다가 결국 중혼죄가 발각되어 경찰에 체포된다.

그에게 보가트라는 이름을 붙여준 사람은 해트였다. 보가트는 〈카사블랑카〉에서 우수에 찬 연기로 유명한 험프리 보가트에게서 따온 것이다. 트리니다드의 수도 포트 오브 스페인에는 〈카사블랑카〉 열풍이 불었다.

권태로운 사나이 재단사 보가트가 우수에 찬 배우 보가트로 미화되는 것이 미겔 스트리트의 본질이다. 나이폴 자신도 이 익숙함의 게임에 매몰되어 있다. 나이폴은 해트를 배우 렉스 해리슨을 닮은 것으로 기억하고 있다. 미겔 스트리트의 비밀은 모든 구성원들에게 전염되어 있다. 집단 감염이다.

사람들은 보가트가 떠나자 허전해하고, 그가 돌아왔을 때 반가워한다. 보가트의 무뚝뚝함을 미겔 스트리트는 인간적 매력으로 존중한다.

광기와 좌절된 욕망 ——

조지도 미겔 스트리트의 전형적인 인물이다. 조지는 아내에게 모든 일을 맡긴 채 행복해한다. 그리고 아내와 아이들을 사정없이 구타한다. 아이들은 구타를 숙명으로 받아들인다. 조지의 딸 돌리는 맞으면서도 늘 낄낄댄다. 조지는 아들 엘리아스를 밧줄로 묶어놓고 외양간의 하수구 물에 적신 밧줄로 매질한다. 그러나 엘리아스는 아버지의 폭력을 하나님의 뜻이라고 생각하면서 체념한다. 아내는 조지의 습관적 폭력에 시달리다가 급기야 목숨을 잃는다. 미겔 스트리트의 자칭 예언가 해트는 탄식한다. "의사니 판사니 하는 사람들이 이곳에 있는 이유가 뭐야? 그냥 재미로 있는 거야?" 미겔 스트리트에는 인권이란 단어조차도 존재하지 않는다. 조지는 아내가 죽은 후 생계대책으로 매춘에 손을 댄다. 그의 집에는 지프차를 타고 오는 미군 병사들이 득실댄다. 조지의 집 이름은 핑크하우스다. 조지의 사업은 나날이 번창한다. 그러나 그의 성공은 얼마 가지 못한다. 조지도 미겔 스트리트의 일상화된 좌절과 실패의 늪에 빠진다.

세 표 후보와 메시아 ──

맨맨은 미겔 스트리트에서 미치광이 취급을 받는다. 그러나 나이폴이 보는 맨맨은 어린왕자다. 미겔 스트리트에서 가치의 전도와 전복은 일상적으로 반복된다. 맨맨은 시의회 의원 선거가 있을 때마다 빠짐없이 후보로 출마한다. 선거구 곳곳에 멋있는 벽보를 붙인다. 그러나 그가 얻는 표는 딱 세 표다. 매번 똑같다. 맨맨 자신이 던진 표 외에 두 표가 누구의 것인지는 미스터리다.

맨맨은 노동을 하지 않는다. 그는 켈리그라프에 심취해 있다. 학교에 가는 나이폴을 보면 도로에 's,c,h,o,o,o,o~~~' 하고 'o' 자를 하염없이 쓴다. 동네 한 바퀴를 다 돈 다음에야 마지막 철자 'l'을 써서 단어를 마무리한다.

맨맨에게는 친구도 잡종견 한 마리밖에 없다. 그 개는 짖거나 사람을 쳐다보는 일이 없다. 혹시 사람이 쳐다보면 외면한다. 다른 개들과 어울리는 법이 없다. 어떤 개가 다정하게 굴거나 공격해오면 잠시 경멸 어린 눈초리로 바라보다가 뒤돌아보지 않고 어슬렁어슬렁 걸어가 버린다. 맨맨은 개의 창자운동을 자유자재로 조절하는 능력이 있다. 맨맨은 개로 하여금 동네 아낙네들이 표백하기 위해 밖에 널어두는 빨래에 똥을 싸게 한다. 그리고 내다 버리는 옷감을 주워서 판다. 그것이 맨맨의 생계대책이다.

맨맨은 어느 날 자신이 하나님의 계시를 받았다고 선전한다. 그리고 설교를 시작한다. 그의 설교는 정치적인 풍자로 가득하다. "오늘 날 정치가들이니 뭐니 하는 사람들이 이 섬을 자급자족하게 만들어야 한다고 주장하는 것을 여러분들은 듣고 계십니다. 어제 밤 하나님은 나에게 아내를 잡아먹는 남편, 남편을 잡아먹는 아내, 누이를 잡아먹는 오라비, 오라비를 잡아먹는 누이를 보여주셨습니다. 정치인들이 말하는 실상은 이렇습니다. 그들이 말하는 자급자족이란 이렇게 서로를 잡아먹는 것입니다."

대중은 단순하다. 미겔 스트리트는 맨맨의 설교에 감동을 받는다. 헌금이 쏟아진다. 맨맨의 광적인 행동은 도를 넘어선다. 드디어 그는 자신이 메시야라고 선포한다. 그러면서 십자가 수난 행사를 기획한다. 맨맨은 행사에 모인 사람들에게 돌을 던지라고 주문한다. 사람들은 그를 향해 돌을 던진다. 처음에는 작은 돌을 던진다. 그러나 돌의 크기는 점점 커진다. 고통을 견디지 못한 맨맨은 사람들에게 욕을 한바탕 퍼붓고 쇼를 중단한다. 경찰은 맨맨의 정신을 감정하기 위해 그를 영구히 가둔다. 광기가 좌절되는 미겔 스트리트의 패턴은 맨맨에게서도 반복된다.

휘슬 블로우어와 희극배우 ——

빅 풋은 덩치가 크다. 사람들은 그를 두려워한다. 나이폴도 은근히 빅 풋을 판다. "내 뒤에 빅 풋이 있으니까 까불지 말라"고 아이들을 겁박한다. 빅 풋은 정의의 상징이다. 빅 풋은 어느 날 트리니다드 라디오 방송국에 돌을 던져 유리창 한 장을 깬다. "왜 그랬냐?"는 치안판사의 질문에 빅 풋은 "그 사람들을 각성시키기 위해서 그랬다"고 당당하게 대답한다. 빅 풋은 휘슬 블로우어다. 극장에서 시끄럽게 떠드는 아이들에게 주의를 주기 위해 빅 풋은 칼을 꺼내 의자 등받이를 쿡 찌른다. 과도한 행동이지만 공동체의 질서 유지라는 명분이 있다.

미군들에게 초콜릿을 구걸하기 위해 아이들이 지프차 주변으로 몰려든다. 공전의 히트작 〈국제시장〉에 나오는 것처럼 6.25 전쟁 통에 우리도 익히 겪었던 일이다. 아이들을 귀찮아하는 미군들이 주먹을 휘두를 때 빅 풋은 든든한 방패막이 역할을 한다. 덩치가 큰 빅 풋은 미군들에게도 버거운 상대다. 빅 풋의 아버지는 1937년 흑인들이 유전에서 폭동을 일으켰을 때 영웅처럼 행동했다. 빅 풋의 행동도 영웅적이다. 미겔 스트리트는 그러한 빅 풋을 자랑스러워한다.

그러나 빅 풋은 사실 천하에 둘도 없는 겁쟁이다. 나이폴은 어느 날 밤 빅 풋과 함께 도크에 있는 방파제를 산책한다. 바다는 넓고 어둡고 고요하다. 그때 근처에서 날카로운 비명소리가 들린다. 개다. 개의 몸에서는 물이 뚝뚝 떨어지고 있다. 빅 풋은 "걸음아 날 살려라"고 하면서 도망친다.

미겔 스트리트 사람들에게는 제2차 세계대전의 승자가 누가 될 것인지가 초미의 관심사다. 애 어른 할 것 없이 전쟁의 향방에 촉각을 곤두세운다. 독일은 강인한 민족으로 각인되어 있다. 아이 하나가 빅 풋을 용감한 독일 병사에 비유하자 나이폴을 바라보는 빅 풋의 눈길에서 긴장감이 묻어난다. 빅 풋의 정체는 곧 드러난다. 그는 권투를 시작한다. 신문에서도 대서특필한다. 빅 풋은 영국 공군 선수권자와 맞붙어서 진다. 링에서 빅 풋은 눈물을 흘린다. 나중에 빅 풋과 맞붙었던 사람이 공군 선수권자가 아니라 권투에 갓 입문한 사람으로 밝혀진다. 빅 풋은 미겔 스트리트를 떠난다. 나이폴은 나중에 라벤틸의 어느 채석장에서 노동자로 일하는 빅 풋을 발견한다. 빅 풋은 희극배우였던 셈이다.

학문의 실체 ——

타이터스 호이트는 미겔 스트리트의 학자다. 그는 아이들을 가르친다. 그러나 큰 깊이는 없다. 아이들에게 라틴어 문법을 가르치지만 얼마 지나지 않아 밑천이 달려 아이들로부터 외면당한다.

타이터스 호이트는 사상가로서의 면모를 과시하기도 한다. 정신의 실체에 대해 그럴싸한 이론을 내놓는다. "이 세계는 도대체 실체가 아니라는 사실을 생각해 본 사람이 있어? 이 세계에서 우리만이 유일한 정신을 소유하고 있고 그 밖의 것들은 우리가 생각해 내고 있을 뿐이라는 사실을 생각해본 사람이 있느냐고?"

타이터스 호이트는 트리니다드의 민족주의적 역사를 고취시키려는 노력도 한다. "포트 조지에 대해 자네들은 얼마나 알고 있나? 아마 아무도 그곳을 모르고 있을 거야. 하지만 그곳은 바로 역사와 관계되어 있어. 자네들 나라의 역사지. 그런 것은 알아두어야 한다고. 이 요새는 1803년 프랑스가 이곳을 침공하려고 계획할 때 세운 것이야. 우리가 나폴레옹을 상대로 싸우고 있을 때였지." 그러나 아이들은 별 관심이 없다. 역사탐방보다는 요새 근처에 있는 샘에서 목욕하는 데만 관심을 가진다.

미겔 스트리트의 정신문명은 딱 그 정도 수준이다. 타이터스 호이트도 사실은 학문보다는 언론에 기사 한 줄 내는 것에 더 관심이 많다. 그는 언론에 이름을 내기 위해 아이들의 동심을 이용한다.

기계전문가와 힌두 경전 ——

바쿠는 기계전문가다. 그러나 그도 역시 광기로 가득 찬 인물이다. 바쿠는 멀쩡한 새 차를 분해해서 조립한다. 하지만 늘 부품 한 두 개가 맞지 않아 새 차를 고물차로 만든다.

바쿠는 기름을 묻힌 크리켓 방망이로 아내를 구타한다. 신기한 것은 아내가 그 방망이를 애지중지한다는 사실이다. 미겔 스트리트는 사디즘과 마조히즘이 교묘하게 얽혀 있는 광기의 도시다.

바쿠의 또 한 가지 특징은 그가 자주 힌두교 성전 《라마야나》를 암송한다는 사실이다. 트리니다드는 노예로 팔려온 흑인들과 인도 이주민의 후손들이 인구의 대다수를 차지한다. 바쿠는 브라만 출신으로 영어와 힌두어에 모두 능하다. 나이폴의 어머니는 바쿠 부인에게 바쿠가 판디트(힌두 철학과 법학에 능통한 학자)가 되라고 권한다. 바쿠는 인생의 진로를 수정한다. 그러나 그의 광기는 그치지 않는다. 바쿠는 틈만 나면 자동차 밑에 기어 들어가 크랭크샤프트를 손질한다. 그러면서 《라마야나》를 외운다.

《미겔 스트리트》, 아프리카의 〈서울의 달〉 ——

해트는 미겔 스트리트의 종합적 알레고리다. 해트는 아주 사소한 것을 가지고서도 즐겨 미스터리를 만든다. 조카들을 자신의 사생아로 둔갑시키고 크리켓 경기장과 경마장에서 내기를 해서 심심찮게 돈을 딴다. 그러나 거액을 잃기도 한다.

나이폴은 해트를 이렇게 묘사한다. "나는 해트만큼 인생을 즐기는 사람을 만나지 못했다. 그는 새롭거나 화려한 짓은 하나도 하지 않았다. 사실 그는 매일 똑같은 것들을 반복하고 있었지만 늘 자기가 하는 일을 즐기고 있었다. 그런데 이따금 그는 자기가 하는 평범한 일에다 기발한 것을 더하는 재주를 보이기도 했다."

해트의 정체성은 트리니다드의 정체성이다. 해트는 술, 도박, 닭싸움 때문에 늘 경찰과 시비가 붙는다. 그렇지만 심각한 범죄는 아니다. 경범죄다. 한번은 우유에 물을 탄 죄로 걸려 200달러의 벌금형을 선고받는다. 해트는 자신을 기소한 찰스 경사와 한동안 말도 하지 않는다. "히틀러의 말이 맞아. 법전은 모두 불에 태워버려야 해." 크리켓과 축구 시합을 구경하고 경마에 돈을 걸고 아침저녁으로 신문이나 들고 있다든가, 보도 위에 앉아 잡담을 나누고 있다든가, 크리스마스이브나 섣달 그믐날 밤에 술에 취해 시끄럽게 떠든다든가 하는 것들은 해트가 평생 버리지 않을 버릇들이다.

해트에게 큰 변화가 찾아온 것은 돌리라는 여자 때문이었다. 해트는 밖에서는 건들거리지만 집 안에서는 자상한 남편이다. 해트는 아내 돌리에게 진귀한 보물까지 선물한다. 그러나 돌리는 다른 남자와 눈이 맞아 해트를 떠난다. 해트는 돌리를 찾아간다. 그리고 함께 있던 남자와 대판 싸운다. 그 후 해트는 경찰을 찾아가 돌리를 죽였다고 자수한다. 그러나 돌리는 죽지 않았다. 해트는 징역 4년 형을 선고받는다.

해트가 감옥에 간 후 나이폴에게도 큰 변화가 찾아온다. 나이폴은 성장했고, 미겔 스트리트의 모든 것을 다른 눈으로 보게 된다. 과거에 좋아 보였던 것들이 이제는 모두 비판적으로 보인다. 나이폴은 말한다. "내 눈에 모든 것은 변해 있었다. 해트가 감옥에 가던 날 나의 일부가 죽어버렸다." 세관에 취직해 돈벌이를 하던 나이폴은 영국 유학을 결심하고 미겔 스트리트를 떠난다. 미겔 스트리트에서의 익숙한 것들에 대한 작가의 경험은 낯선 영국에서의 이국적 경험과 어우러져 타자성을 획득한다. 그 타자성은 트리니다드의 일상을 보편적 가치를 지닌 정신문화로 고양시킨다.

나이폴의 《미겔 스트리트》는 열일곱 편의 연작 소설로 구성되어 있으며, 작가의 성장 과정을 자전적으로 보여주는 작품이다. 미겔 스트리트는 광기와 좌절의 도시로 그려진다. 그러나 오늘날 서울의 삶은 어떤가? 미겔 스트리트에서 살아가는 다양한 군상의 삶과 비교해볼 때 종로, 을지로, 충무로에서 살아가는 서울 시민의 삶은 무엇이 다른가? 본질적으로 같다. 미겔 스트리트는 트리니다드판 〈서울의 달〉이다.

우리 속에 있는 익숙한 것들로부터 낯선 것들로, 낯선 것들로부터 다시 익숙한 것들로 눈을 돌리면 우리의 모습이 얼마나 부조리한 것인지 알 수 있다. 인문학은 이렇게 낯섦과 익숙한 것들에 대한 사유의 크리크를 예민하게 조정해준다. 청춘이여, 인문학으로 세상을 향한 그대의 총구에 기름을 칠하고, 영점에 가깝게 크리크를 조정해라. 그래야 그대가 꿈꾸는 인생의 목표를 명중시킬 수 있는 확률이 높아진다.

시간에 대한
기억장치와 인문학

첫 번째 강좌에서 우리는 인문학을 핀셋에 비유했다. 이번 시간에는 바르가사 요사가 쓴 《염소의 축제》라는 작품을 통해 인문학에 대한 이 정의를 좀 더 깊이 있게 들여다본다.

염소의 축제, 기억이라는 핀셋 ——

'치마를 두른 아인슈타인', 우라니아는 천재였다. 어린 시절부터 명석했고, 커서도 명민함은 변하지 않았다. 하버드를 최우등으로 졸업하고, 세계은행을 거쳐 맨해튼에서 잘나가는 변호사로 활약하고 있다. 2010년 바르가사 요사에게 노벨문학상의 영예를 안겨준 《염소의 축제》는 우라니아가 일주일간의 휴가를 받아 도미니카를 찾아오면서 시작된다. 도미니카는 그녀의 고국이다. 열네 살이던 1961년 우라니아는 도미니카를 떠났다. 그때부터 마흔아홉 살이 된 1996년까지 무려 35년이라는 긴 세월동안 그녀는 도미니카와 인연을 끊고 살았다. 아버지로부터 걸려온 전화는 무조건 끊어버렸으며, 친지들이 보내온 편지에도 일절 답장을 하지 않았다. 어머니는 일찍 죽었다. 35년 전 그녀에게 무슨 일이 있었던 것일까?

므네모시네와 우라니아 ──

우라니아는 제우스와 므네모시네 사이에서 태어난 아홉 뮤즈 가운데 하나다. 므네모시네는 기억의 여신이다. 요사가 주인공의 이름을 이렇게 지은 것은 작품의 메시지를 명확하게 드러내기 위한 장치다.

소설은 세 축의 기억이 끌어간다. 우라니아가 중심축을 끌어가고, 트루히요 대통령과 그의 암살자들이 나머지 두 축을 끌어간다. 서로 독립적인 세 기억이 거미줄처럼 얽히면서 도미니카 현대사에 숨어 있는 그로테스크한 상흔이 드러난다.

《염소의 축제》에는 픽션과 논픽션이 다양한 방식으로 혼재되어 있다. 이러한 특징 때문에 요사의 소설은 찬사와 비판을 동시에 받고 있다. 독자의 입장에서는 둘을 구분하는 것이 큰 의미가 없다. 역사란 어차피 개인의 기억에 의존하기 때문이다. 랑케의 실증주의적 역사관에 충실한 기록물들도 사실과 주장이라는 틈새를 완벽하게 메울 수는 없다. 사실에 의존하는 조정래의 《정글만리》보다는 해석에 치중하는 《태백산맥》이 더 역사다울 수 있다. 《염소의 축제》는 도미니카의 역사를 넘어선 역사다.

염소, 성적 악마성의 메타포 ──

말이나 닭, 염소 등은 예로부터 인간과 생활공간을 공유했다. 사람의 잠자리와 이들의 잠자리가 구분되어 있기는 했지만 성적 욕망이 충만한 인간이 이들과 교접을 시도했을 가능성은 충분히 상상할 수 있다. 헤로도토스는 《역사》에서 염소와 사람이 교접해서 태어난 반인반수가 실제로 있었다고 기록하고 있다.

《염소의 축제》에서 염소는 도미니카의 독재자 트루히요의 메타포다. 권력의 야만성을 염소의 성적 악마성에 빗댄 것이다. 트루히요는 도미니카를 30년간 통치한 절대 권력자다. 그는 수령이고, 총통이고, 자선가고, 새로운 조국의 아버지다. 해병대 출신인 트루히요는 1937년 국경 문제로 분쟁을 일삼던 아이티 인 2만 명을 무자비하게 살해한 후 도미니카의 영웅으로 떠올랐다. 민중은 트루히요에게 절대적인 신뢰와 지지를 보냈다. 언론은 트루히요 체제를 신격화했다. 방송은 트루히요가 일어나는 시간에 맞추어 뉴스를 내보냈다. 도미니카 판 '땡전 뉴스'인 셈이다.

트루히요의 어머니 훌리아 여사도 함께 우상화되었다. 어머니의 날이 되면 국가 전체가 트루히요의 어머니에게 경의를 표했고, 방송의 아나운서는 '사랑과 자비의 감정이 마르지 않는 원천이며 우리를 통치하시는 고명하신 수령님의 어머니'라고 칭송했다. 언론은 또 반체제 인사들을 '하나님과 트루히요를 배신한 쥐새끼'라고 공격했다. 축제는 트루히요가 암살된 후 그의 가족들이 벌인 피의 파티다. 암살범들은 트루히요를 제거하는 데는 성공했지만 권력질서를 바꾸지는 못했다. 그래서 염소의 가족들은 주모자들을 잔인하게 고문하고, 살해했다.

산토도밍고의 낯선 이방인 ——

35년 만에 찾은 산토도밍고는 우라니아에게 타인의 도시다. 고국이지만 그녀에게는 낯설다. 우라니아가 떠날 때 도시의 인구는 30만에 불과했다. 그러나 지금은 100만이 넘는 사람이 살고 있다. 산토도밍고는 주택들이 밀집한 동네와 가로수 길, 공원들, 호텔들로 북적거리는 현대식 도시로 변해 있다. 숙소인 하라과 호텔에서 나와 거대한 엘미라도르 공원을 산책하면서 우라니아는 자신이 이방인이라고 느낀다. 그러나 낯섦은 도시의 외관 때문만은 아니다. 더 큰 원인은 그녀의 내면에 응축되어 있는 슬픔과 향수, 증오와 괴로움, 분노다.

염소의 욕망과 실각의 배경 ——

우라니아의 아버지 아구스틴 카브랄은 잘나가는 정치인이었다. 트루히요의 최측근으로 행정부와 입법부의 고위직을 두루 거쳤다. 카브랄은 군 출신인 트루히요가 정권의 정통성을 분식하기 위해 등용한 테크노크라트였다. 카브랄은 권력의 속성과 국제질서를 냉철하게 분석하고 대응할 수 있는 지적인 통찰력을 갖추고 있었다. 그래서 그의 별명은 지식인이었다.

1961년 카브랄에게 정치적 위기가 찾아온다. 상원의장으로서 트루히요 독재체제의 한 축을 떠받치고 있던 카브랄은 권력의 핵심에서 밀려난다. 트루히요의 눈 밖에 난 것이다. 정확한 원인은 알 수 없다. 건설교통부 장관으로 재직할 당시 부정부패에 연루되었다는 지적이 있었지만 카브랄은 트루히요의 측근들 가운데 가장 청렴하고 깨끗한 인물이었다. 그보다는 친미적인 색채가 화근이 되었을 가능성이 컸다. 카브랄은 미주기구OAS의 경제제재 조치에 반발해 미국을 멀리하려는 트루히요에게 그것은 자살행위나 마찬가지라고 직언한다. 케네디가 해병대를 동원해서 도미니카를 침공할 경우 또다시 식민지가 될 수 있다고 경고한다. 그러나 똑같은 입장을 가지고 있었던 발라게르 대통령이나 치리노스 상원의원 같은 인물을 트루히요가 여전히 중용했다는 사실을 떠올릴 때 카브랄의 친미적 성향도 실각의 이유를 명확하게 설명해주지 못한다. 행간을 읽을 때 카브랄이 실각한 배경에는 인간 염소 트루히요의 욕망이 깊숙이 도사리고 있음을 알 수 있다.

마조히즘적 소명의식 ——

트루히요가 처음 집권한 1930년대 이후부터 오랫동안 도미니카는 미국의 최고 우방국이었다. 국제사회에서 도미니카는 무조건 미국 편이었다. 미국으로서도 도미니카는 전략적으로 중요한 국가였다. 1959년 쿠바에서 카스트로가 바티스타를 축출하고 정권을 장악한 이후 미국은 공산주의가 서인도제도와 남미로 확산될까 봐 노심초사했다. 철저한 반공주의자였던 트루히요는 미국에게 없어서는 안

되는 동맹국의 지도자였다.

그러나 트루히요의 독재가 도를 넘어서면서 미국은 트루히요를 멀리하기 시작했다. 억눌린 도미니카 민중이 봉기할 경우 또 다른 공산주의 국가가 탄생할 수 있었기 때문이다. 트루히요는 효율적 통치를 명분으로 정치적 반대파들을 무자비하게 탄압하고 숙청했다. 첩보부대장 아베스 가르시아를 앞세워 도미니카를 공포정치의 도가니 속으로 몰아넣었다. 개발독재로 경제성장에는 큰 성과를 냈지만 정치적으로는 박정희 대통령의 유신독재를 능가했다. 전기고문은 기본이고, 담뱃불로 눈과 귀, 입을 지지는 반인륜적 고문이 예사로 행해졌다. 수많은 지식인과 청년들, 종교인들이 소리 소문도 없이 살해되어 바다에서 상어 밥이 되어갔다.

트루히요는 마음에 드는 각료의 부인이 있으면 대낮에 버젓이 집으로 찾아가 섹스를 강요한다. 패륜적 행각이다. 권력의 단맛을 포기할 수 없었던 각료들은 그렇게 학대당하면서도 한편으로는 상황을 즐겼다. 그들은 마조히즘적 소명의식을 스스로 짊어지고 있었다. 트루히요는 돈이 되는 사업에는 모조리 손을 댔다. 가족과 측근들을 앞세워 기업을 관리했다. 거기서 창출한 막대한 부를 당근으로 활용해 민중의 마음을 사로잡았다. 새로 태어나는 아이들에게 대부 노릇을 하면서 상당한 액수의 현금을 선물로 주었다. 뒷구멍으로는 아내와 아들 등 가족 명의로 개설된 스위스 비밀계좌를 통해 막대한 부를 빼돌렸다. 베네수엘라의 베탕쿠르 대통령 암살 기도 사건, 반체제 인사 아리스티 암살 사건, 세 미라발 자매 암살 사건 등은 국제사회에 큰 경각심을 일깨운 트루히요의 대표적인 만행이다.

여명 ——

우라니아의 아버지 카브랄이 트루히요에게서 멀어진 것은 이러한 정치 환경의 변화와 맞물려 있었다. 미국은 전방위적으로 트루히요를 압박해 들어갔다. 도미니카와의 무역과 금융거래를 일절 금지했으며, 워싱턴과 유엔에서 트루히요의 독재를 맹렬히 비난했다. 국내에서도 반 트루히요 움직임이 가시화되었다. 언론은 철저하게 재갈이 물려 있었지만 시민사회에서는 새로운 기운이 싹트고 있었다. 가톨릭 주교들이 가장 먼저 행동에 나섰다. 주교단은 조직적으로 트루히요의 독재에 저항하기 시작했다. 그 중심에는 미국 시민권자인 레일리 주교와 스페인 시민권자인 파날 주교가 있었다. 신부들의 용기 있는 행동에 고무된 양심세력들도 서서히 움직이기 시작한다. '6월 14일 운동'이라고 불리는 지하조직의 핵심 요원들은 미국 CIA의 도움을 받아 트루히요 암살 작전에 돌입한다.

짓밟힌 처녀성 ——

아베스와 같은 강경파들은 눈엣가시 같은 신부들을 쥐도 새도 모르게 제거하자고 트루히요를 부추긴다. 그러나 온건파들은 외교적 마찰과 더 큰 악순환을 피하기 위해서는 워싱턴을 꾸준하게 설득해야 하며 특히 신부들의 몸에는 절대로 손을 대지 말아야 한다고 맞선다. 온건파의 중심에는 카브랄이 있었다.

　미국의 배신에 치를 떨면서 친미인사들을 정권의 핵심에서 하나씩 배제해나가던 트루히요는 마침내 카브랄을 내친다. 상원의장직을 박탈하고, 도미니카당에서 제명하고, 급기야 예금계좌까지 동결한다. 카브랄은 나락으로 떨어진다. 아베스의 앞잡이들에 의해 살해될 수도 있는 위기에 몰린다. 카브랄이 권력을 되찾기 위해 꺼내든 카드는 자신의 딸 우라니아를 트루히요에게 바치는 것이었다. 열네 살 숫처녀를 일흔 살 노인의 성적 희생 제물로 바침으로써 독재자의 총애를 되찾겠다는 비열한 생각이다. 우라니아에게는 트루히요가 초대한 파티에 참석하는 것이라고 속인다. 뚜쟁이로 소문난 마누엘이라는 작자가 거간꾼 노릇을 했지만 그것이 카브랄의 행위를 정당화하지는 못한다.

　야수에게서 처녀성을 짓밟힌 우라니아는 평생을 공포와 고통 속에서 지낸다. 그녀는 마흔아홉이 되도록 독신으로 지낸다. 독재자의 악마적 행위는 35년이 아니라 350년이 지나도 지워지지 않는 깊은 상처를 남긴다. 우라니아의 처녀성은 도미니카 민중의 진실과 정의, 행복을 상징하는 장치다. 트루히요가 제거되고 도미니카의 정치가 형식적 민주주의를 회복했지만 야수에 의해 짓밟힌 민중의 삶은 아직도 정상화되지 않고 있다. 질곡은 몸에 새긴 타투처럼 질기게 달라붙어 도미니카 민중의 자유를 옭죈다.

염소를 제거하라! ──

트루히요 암살 사건에 가담한 사람들은 대부분 쓰라린 상처를 안고
있다. 아마디토는 전투 군사학교를 가장 우수한 성적으로 졸업한
엘리트 장교다. 육군의 가장 명예로운 부대인 총통의 개인 경호부
대에 배치될 정도로 아마디토는 장래가 촉망되는 군인이다. 아마디
토는 루이사 힐이라는 여자와 결혼을 약속한다. 가족들은 두 사람
의 장래를 축복해준다. 그러나 트루히요가 제동을 건다. 트루히요
는 아마디토를 불러 루이사와의 결혼을 단념하라고 명령한다. 이유
는 그녀의 남동생이 '6월 14일 운동'의 멤버라는 것이다. 아마디토
는 트루히요의 명령에 따른다. 사랑보다는 조국에 대한 충성을 택
한 것이다. 그러나 어느 날 아마디토에게 치욕스런 명령이 떨어진
다. 루이사 힐의 남동생을 살해하라는 명령이다. 치욕에 몸을 떨던
아마디토는 트루히요 암살 작전에 가담한다.

암살단의 또 다른 주인공 안토니오도 아마디토와 마찬가지로 트
루히요의 경호원 출신이다. 그는 트루히요를 하늘처럼 떠받들던 동
생이 스페인의 공화주의자 갈린데스 실종 사건의 주모자로 몰려 억
울하게 죽은 후 암살 작전에 가담한다. 동생은 공군 장교였다.

암살 계획을 총괄 지휘하는 위치에 있었던 후안 토마스는 전략
적 요충지인 라베가 지역의 군사령관을 지낸 삼성장군이다. 그도
한 때는 트루히요의 광적인 추종자였다. 정권을 잡은 후 미국과의
외채 문제를 해결하고 카리브해 지역에서 가장 현대화되고 전문적
인 군대를 창설한 트루히요에게 그는 열광했다. 그러나 트루히요의

끝없는 탐욕에 넌더리가 난 그는 정권에 등을 돌린다.

암살 계획이 탄력을 받은 요인은 두 가지다. 하나는 미국 CIA의 지원이고, 다른 하나는 국방장관 로만이 프로젝트에 합류했다는 것이다. 산토도밍고 시의 CIA 책임자 헨리 디어본은 도미니카당의 부총재였던 디아스를 통해 암살 주모자들을 지원한다. 국방장관 로만은 후안 토마스와 트루히요를 제거한 후 도미니카를 자유선거에 의한 민주주의 체제로 탈바꿈시키기로 합의한다. 독재자에게서 도미니카를 해방하는 것, 그것이 염소를 제거하는 정치적 목적이었다.

가톨릭 신부들은 그들의 행동에 정당성을 부여했다. 큰 살인을 막기 위해 작은 살인을 저지르는 것이 신앙적으로 옳은 일인지 고민하던 또 다른 주모자 살바도르에게 교황 대사 신부는 토마스 아퀴나스의 책에 나오는 다음 구절을 손가락으로 짚어준다. "만일 야수를 죽임으로써 백성이 해방된다면, 하나님은 그런 야수의 물리적 제거를 호의적인 눈으로 보실 것이다."

마침내 암살단은 고속도로 상에서 트루히요를 사살하는 데 성공한다. 염소는 경호원도 대동하지 않은 채 열일곱 살의 여고생이 준비된 마호가니의 집으로 가던 중이었다. 암살단들은 경호부대 내부의 협력자를 통해 트루히요의 일거수일투족을 손금 보듯이 꿰뚫고 있었다.

암살단들은 염소의 시체를 싣고 국방장관 로만의 집으로 간다. 그리고 "비둘기 새끼를 오븐에 넣을 준비가 됐어"라는 암호로 신호를 보낸다. 그러나 로만은 부재중이다. 계획은 틀어진다. 암살은 성공했지만 권력질서를 바꾸지는 못한 채 암살에 가담한 주역은 뿔뿔이 흩어진다. 그리고 일부는 총격전 끝에 사살당하고 일부는 체포되어 염소의 맏아들 람피스와 첩보부대장 아베스 가르시아에게 잔혹하게 고문당한 후 살해된다.

암살범 가운데 유일하게 살아남은 사람은 안토니오다. 그는 이탈리아 외교관의 도움으로 그의 집에서 숨어 지낸다. 6개월 후 발라게르 대통령은 모든 정치범에 대한 사면령을 내린다. 안토니오는 도미니카의 영웅으로 떠오른다.

기억이라는 핀셋 ——

우라니아가 염소에게 처녀성을 짓밟힌 장소는 마호가니의 집이다. 마호가니의 집은 박정희 대통령이 연예인들을 불러 시바스 리갈을 마시면서 즐기던 궁정동과 같은 트루히요 대통령의 안가다.

염소는 우라니아에게 파블로 네루다의 시를 읊어준다. 민중에게 환상을 심어주는 독재자의 달콤한 속삭임이다. 침실이 있는 계단으로 올라가는 장면을 우라니아는 다음과 같이 기억한다. "우리는 너무나 어울리지 않는 커플이었어요. 쇠로 된 난간과 무거운 나무 창살이 설치된 계단으로 올라갔어요. 애인처럼 우리는 두 손을 꼭 잡았어요. 신방으로 가는 할아버지와 손녀 같았어요."

도미니카의 민중과 독재자 트루히요는 외면적으로 협조관계를 구축했다. 트루히요는 그들의 자유를 억압하는 대신 당근을 던져주었다. 민중은 겉으로 열광했다. 그러나 속마음은 차가웠다. 트루히요는 우라니아의 모든 것을 벗긴 후 그녀를 정복하려 하지만 실패한다. 고질적인 전립선염으로 발기부전이 도진 것이다. 그러나 인간 염소 트루히요는 결국 손으로 우라니아의 처녀막을 파괴한다. 우라니아는 피를 흘린다. 독재자는 경찰과 정보기관, 군부 등 물리적 억압기구를 동원해서 도미니카 민중의 인권을 유린하고, 피를 흘리게 했다.

우라니아는 그 후 도미니카를 탈출한다. 가톨릭 수녀의 도움으로 미국으로 유학을 떠난 우라니아는 아버지를 비롯한 모든 것과 인연을 끊은 채 공부에만 매달린다. 우라니아가 35년만에 도미니카를 다시 찾은 것은 용서와 화해를 위한 목적이 아니다. 그것은 일종의 기억 여행이다. 그녀는 과거를 파헤치고 기억을 휘젓는 일을 하기 위해 도미니카로 돌아왔다. 우라니아에게 기억은 과거의 상처를 현재 속에 끄집어내기 위한 핀셋이다.

미국에서 우라니아는 틈틈이 도미니카의 역사를 읽었다. 그것은 그녀의 뿌리를 잃어버리지 않기 위한 그녀만의 방법이다. 도미니카에 온 지 이틀째 되는 날 우라니아는 아버지를 찾아간다. 아버지는 중풍으로 쓰러져 반신불수가 되어 있다. 우라니아는 기억으로 아버지를 고문한다. "그 때 도대체 왜 그러셨냐?"고 따지고, 항의하고, 질책한다. 그녀는 카브랄을 용서할 생각이 추호도 없다. 카브랄은 과거의 불쾌한 기억을 제거했을지 몰라도 우라니아는 그렇지 않다.

그녀가 카브랄을 용서하지 못하는 이유는 카브랄이 진정으로 뉘우치지 않기 때문이다. "내가 왜 아빠를 용서할 수 없었는지 아세요? 그건 아빠가 결코 진심으로 그 일을 유감이라고 생각하지 않았기 때문이에요. 너무나 오랜 세월 동안 수령님에게 봉사했던 탓에, 아빠는 양심의 가책이나 감성, 그리고 최소한의 청렴성과 최소한의 판단력도 상실했어요." 의식이 분명치 않지만 카브랄은 우라니아의 목소리에 어렴풋이 반응하면서 때때로 신음소리를 낸다. 카브랄의 신음소리는 민중으로부터 역사적 심판을 받고 단죄의 매를 맞는 도미니카의 독재자 트루히요가 내뱉는 신음소리다.

우라니아의 기억 여행은 과거를 잊지 않기 위한 것이다. 조지 산타야나의 말처럼 과거를 기억하지 못하는 사람은 그 과거를 되풀이한다. 일본은 과거를 기억하지 못하고, 독일은 과거를 기억한다. 우라니아는 독일이고, 카브랄은 일본이다. 트루히요의 자식들은 아버지가 암살당한 후 해외로 나가서 곳곳을 전전하다가 불행하게 일생을 마친다. 장남은 스페인에서 교통사고로 숨지고, 차남은 콜롬비아의 밀림에서 마약조직에 살해당한다. 도미니카 민중에게 그것은 마땅한 보상이다.

역사의 상처를 인식하는 방법

전쟁은 참혹한 기억으로 남아 있는 인간의 역사다. 우리는 이번 강좌에서 스페인 내전과 6.25라는 두 가지 역사에 대한 비교 관찰을 통해 '핀셋과 힐링'이라고 정의한 인문학의 통섭적 개념을 좀 더 깊이 있게 살펴볼 것이다.

인문학의 핀셋으로 과거의 기억을 끄집어내는 방법은 두 가지다. 하나는 관찰자적 방법이고 또 하나는 내재적 방법이다. 어느 방법이 옳은가 하는 가치판단의 문제를 놓고 볼 때 인문학은 후자의 방법을 택한다. 그러한 방법이라야 인문학이 단순히 과거의 기억 속에서 상처를 들추어내는 핀셋의 역할에 머무르지 않고 상처를 치유하는 힐링의 영역으로 나아갈 수 있기 때문이다.

스페인 내전과 6.25 전쟁 ――

스페인 내전은 독특한 역사적 경험이다. 한국의 6.25 전쟁과는 닮은 듯 다른 전쟁이다. 좌우 이념 대립이라는 점에서 두 전쟁은 닮았다. 그렇지만 스페인 내전은 한국전쟁처럼 군사적 분계선을 어느 한쪽이 돌파한 전쟁은 아니었다. 애초부터 군사적으로 진영을 나누는 금은 없었다. 군부와 가톨릭, 자본가 등을 축으로 하는 보수 세력과 노동자, 지식인, 청년들이 주축이 된 진보 세력 간의 정치적 대립선이 있었을 뿐이다.

시작과 끝도 많이 다르다. 스페인 내전은 일종의 군사 반란으로 시작되었다. 좌천 인사에 불만을 품고 있던 프랑코가 아프리카 모로코 등지에 주둔하고 있던 군부 내 지지 세력을 규합하여 정부군을 공격하면서 스페인 내전은 본격적으로 시작됐다. 그리고 승패가 명확하게 가려진 채 전쟁이 종결되었다. 프랑코는 극심한 내분에 빠진 정부군을 격파하고 1939년 마드리드를 점령했다. 1936년 시작된 내전은 우파 진영의 완벽한 승리로 막을 내렸다.

스페인 내전은 국제사회의 참전 양상에서도 6.25 전쟁과 판이하게 다르다. 6.25에는 미국을 비롯한 자유진영이 대거 참전했다. 그러나 스페인 내전 당시 자유진영은 손을 놓고 있었다. 진보 성향이 강한 정부군을 기본적으로 공산주의 세력으로 봤기 때문이다. 그렇다고 파시즘의 요소가 강했던 반란군 프랑코를 지원하는 것은 자유주의라는 서구적 가치에 배치되는 것이었다. 이 때문에 미국을 비롯한 대부분의 자유진영은 내전에 개입하지 않았다. 스페인 정부군은 국제사회의 지원을 거의 받지 못했다. 소련 정도만 공산주의 세력이 주축이 된 정부군을 지원했을 뿐이다. 이에 비해 프랑코의 보수진영은 독일과 이탈리아의 적극적인 지원을 받았다. 이들은 파시스트 국제 동맹군의 성격이 짙었다.

조지 오웰의 《카탈로니아 찬가》——

카탈로니아는 스페인 북동부 자치구 이름이다. 수도 마드리드 다음으로 큰 도시인 바르셀로나가 카탈로니아의 주도主都다. 스페인 내전에서 바르셀로나는 프랑코의 파시즘에 저항하는 가장 중요한 거점도시였다.

조지 오웰은 1936년 12월 말 의용군으로 스페인 내전에 참전했다. 《카탈로니아 찬가》는 오웰이 자신의 경험을 바탕으로 쓴 6개월간의 스페인 내전 참전기다. 따라서 소설이라기보다는 르포르타주에 가깝다. 오웰은 인류애와 자유의 가치를 지키기 위한 숭고한 뜻에서 스페인 내전에 참전했다. 그 뜻을 폄훼해서는 안 된다.

하지만 그가 쓴 《카탈로니아 찬가》는 '핀셋과 힐링'이라고 하는 우리의 인문학적 정의에 비추어볼 때 비극적 참화로 남아 있는 스페인 내전의 상흔에 대한 정서적 공감대가 약하다. 《카탈로니아 찬가》는 객관적인 기록이라는 점에서 사료로서의 가치는 있지만 인문학적인 깊이나 맛을 느끼기에는 미흡한 작품이다.

오웰은 작중에서 "내가 만일 스페인에 다시 가게 된다면 반드시 우에스카에서 커피 한잔을 마시고야 말겠다"는 낭만적인 바람을 피력한다. 오웰에게는 전장에서 터지는 폭탄 소리도 재미로 들렸다. "폭탄이 비명을 지르며 날아와 터지는 광경을 보는 것이 우리에게는 가벼운 오락거리였다." 오웰은 마치 불꽃놀이 구경하듯이 전쟁을 즐기고 있다. 문학적 표현임을 감안하더라도 스페인 내전의 아픔과 상처를 지나치게 희화화하고 있다. 심지어 오웰은 뚱뚱한 체구의 포로를 보고 골프 치는 사람을 떠올리기도 한다.

책을 읽는 날도 많았다. 오웰 자신이 직접 언급한 대목을 보자. "어느 날 나는 대부분의 시간을 추리 소설을 읽으면서 보냈다. 〈사라진 채권자〉라는 제목이었다. 그 소설의 줄거리는 기억나지 않지만, 그곳에 앉아서 소설을 읽을 때의 기분은 지금도 선명하게 떠오른다." 오웰은 총알이 빗발치는 전투 중에도 참호 속에서 책을 읽는 여유를 즐겼다. 일기도 꼬박 꼬박 썼다. 《카탈로니아 찬가》를 쓰려는 의도를 미리 가지고 있었던 것이다. 이순신 장군도 전쟁 중에 일기를 썼지만 그것은 애끓는 조국애의 표현이었다. 그러나 조지 오웰의 일기는 작가로서의 본능적 직업의식에서 비롯된 것이다.

《카탈로니아 찬가》는 자신의 삶터인 조국이 아니라 외국에서 벌어진 전쟁을 기록했기 때문에 글을 쓰는 작가의 시각도 관찰자적 시각이다. 오웰의 소설이 전쟁의 상처를 들추는 차원에만 머무를 뿐 상처를 치유하는 방법이나 힐링의 메시지를 전하지 않는 것은 그 때문이다.

헤밍웨이의 《누구를 위하여 종은 울리나》 ──

앞서 살펴본 조지 오웰의 《카탈로니아 찬가》는 르포르타주 형식을 취하고 있는 소설이다. 스페인 내전에 의용군으로 직접 참전했던 조지 오웰의 손끝에서 나온 작품이기 때문에 《카탈로니아 찬가》는 매우 사실적이다. 이에 비해 헤밍웨이의 《누구를 위하여 종은 울리나》는 허구에 기초한 작품이다. 그러나 헤밍웨이의 《누구를 위하여 종은 울리나》는 조지 오웰의 《카탈로니아 찬가》보다 스페인 내전을 더 깊숙이 들여다보고 있다. 사실적 기록보다 더 사실적으로 내전의 상흔을 드러낸다. 헌신적 사랑과 자기희생이라는 상흔의 치유 방법도 제시한다. 내재적 방법으로 역사의 기억을 끄집어내고 있지는 않지만 오웰의 작품보다는 '펀셋과 힐링'이라는 인문학의 통섭적 정의에 보다 더 충실한 작품이다.

주인공 로버트 조던은 미국 몬태나에서 스페인어를 가르치고 있던 교수다. 1937년 조던은 학교에 휴직계를 제출하고 인민전선 정부를 지원하기 위해 스페인 내전에 참전한다. 조던에게 특별한 이념적 성향이 있는 것은 아니다. 그를 스페인으로 끌어당긴 것은 자유에 대한 순수하고 숭고한 열망이다. 조던은 공산주의자도 사회주의자도 아니다. 다만 파시즘에 반대할 뿐이다.

소설에서 조던이 맡은 임무는 다이너마이트로 과달라하라 지역의 산악지대에 걸쳐져 있는 다리를 폭파하는 것이다. 조던은 안셀모라는 노인의 안내로 과달라하라 산악 지대에서 활약하고 있는 게릴라 부대를 찾아간다. 안셀모는 그곳 지리에 밝은 베테랑 유격대원이다. 부대를 지휘하고 있는 사람은 파블로다. 파블로는 한때 인민의 영웅이었다. 내전이 발발하던 첫날 파블로는 고향에서 파시스트 세력을 몰아내고 지역을 장악했다. 소설에는 공화파들이 파시스트들을 처단하는 장면이 생생하게 묘사되어 있다. 이를 통해 헤밍웨이는 내전의 반문명적 폭력성을 고발하고 있다.

조던이 부대를 찾아왔을 무렵의 파블로는 과거의 영웅적 모습과는 완전히 딴판이다. 그에게는 혁명에 대한 열정이 더 이상 남아 있지 않다. 파블로는 조던의 다리 폭파 계획에 대해서 지극히 회의적이다. 다행히 파블로의 아내 필라르는 남편과는 반대로 적극적이다. 그녀는 조던의 계획에 전폭적으로 협조한다. 다른 대원들도 필라르를 지지한다.

조던의 애인으로 등장하는 마리아는 시장의 딸이다. 그녀의 아버지는 파시스트들에게 무참하게 살해되었다. 마리아는 유격대원들에게 구출되어 파블로의 캠프로 왔다. 그곳에서 한동안 정신적 충격을 벗어나지 못하고 있던 마리아는 다리 폭파 임무를 띠고 캠프로 온 로버트 조던을 만나 사랑을 하게 된다.

조던은 우여곡절 끝에 다리를 폭파하는 데 성공한다. 중간에 파블로가 배신하는 바람에 작전 수행에 차질이 빚어지기도 하지만 끝내 자신의 임무를 완성한다. 그렇지만 다리를 폭파한 후 말을 타고 작전지역에서 퇴각하다가 부상을 당한다. 조던은 자신 곁에 남으려는 마리아를 설득해서 다른 대원들과 함께 떠나보낸 후 혼자서 기관단총을 손에 쥔 채 추격해오는 파시스트들을 기다린다. 극한의 고통 속에서도 조던은 이글거리는 눈으로 전방에서 달려오는 파시스트들을 주시하고 있다. 시시각각으로 죽음이 다가오고 있지만 자세는 의연하다. 조던은 이념적 헌신성, 역사적 책임성을 갖춘 숭고한 자유주의자다. 작품의 끝 지점에서 헤밍웨이는 스페인 내전의 상흔을 치유하기 위한 방법론적 메시지를 분명하게 제시한다. 이로써 헤밍웨이의 작품은 조지 오웰의 《카탈로니아 찬가》를 인문학적으로 뛰어넘는다.

그러나 헤밍웨이도 관찰자적 시선이라는 본질적 한계를 완전히 극복하지는 못한다. 헤밍웨이는 프랑코에 맞서 싸웠던 무정부주의자들에 대해 매우 부정적이다. 트로츠키주의를 추종하는 통일노동자당에 대해서도 비판적이다. 헤밍웨이는 자유주의라는 단순한 이념적 잣대로 내전의 당사자들을 바라보고 평가한다. 그는 내전의 경험적 당사자가 아니라 제3의 비평가다. 만일 헤밍웨이가 당시 스페인의 역사적 상황과 사회경제적 모순을 내재적 시선으로 좀 더 깊이 들여다봤으면 소설의 구성과 메시지는 달라졌을 것이다. 그가 들고 있는 핀셋이 좀 더 인문학적 정신에 충실했더라면 《누구를 위하여 종은 울리나》는 스페인 민중에게서도 폭넓은 공감을 끌어낼 수 있었을 것이다.

카밀로 호세 셀라의 《파스쿠알 두아르테 가족》 ——

카밀로 호세 셀라는 스페인 출신의 작가다. 우리에게는 다소 낯설지만 노벨문학상을 받을 정도로 국제사회에 잘 알려진 인물이다.

셀라는 그의 대표작《파스쿠알 두아르테 가족》에서 조지 오웰과 헤밍웨이와는 다른 시선으로 스페인 내전의 상처를 인식한다. 셀라에게 스페인 내전의 상처는 내 몸에 난 상처다. 셀라에게 스페인 내전은 작가 자신의 직접적 삶의 영역이고, 가족이라는 운명공동체에서 발생한 가족끼리의 투쟁사다. 우리가 인식하는 6.25처럼 셀라에게 스페인 내전은 동족상잔이다.

파스쿠알 두아르테 가족은 곧 스페인의 축소판이다. 셀라는 관찰자적 시선이 아니라 내재적 시선으로 스페인 내전의 상흔을 드러내고, 아파하고, 치유방법도 제시한다. 스페인 민중은 셀라의 작품을 통해 상처를 치유 받고, 영혼의 힐링을 체험한다. 셀라의《파스쿠알 두아르테 가족》은 '핀셋과 힐링'이라는 인문학의 정의에 가장 잘 들어맞는 작품이다.

사회경제적 모순과 내전의 뿌리 ──

파스쿠알 두아르테는 스페인의 알멘드랄레호 부근에서 태어났다. 두아르테는 날 때부터 선인장 가시밭길에 던져졌다. 삶의 마지막 순간까지 그의 인생이 평탄한 적은 단 한 번도 없었다. 두아르테는 스페인 민중의 메타포다. 두아르테가 사는 마을에는 돈 헤수스라는 인물이 살고 있다. 그의 집은 마을에서 유일한 2층집이다. 돈을 물 쓰듯 쓰는 돈 헤수스의 집 현관에는 문장이 새겨진 값비싼 돌이 몇 개 있다. 돌은 고대 전사들의 형상으로 마물러져 있다. 투구를 쓴 전사들은 동쪽과 서쪽을 향해 있는데 마치 이쪽저쪽 모두를 감시하고 있는 형상이다. 셀라는 소설의 도입부에서부터 빈부와 계급에 의해 갈라진 스페인의 적대적 현실을 그린다. 스페인의 사회경제적 모순이 내전의 뿌리임을 분명히 드러내는 장치다.

치스파의 죽음과 내전의 성격 ——

두아르테의 취미는 사냥이다. 고기잡이는 시시하다고 생각하면서 오로지 사냥에만 몰두한다. 두아르테는 사냥을 나갈 때 치스파라는 개를 꼭 데리고 다닌다. 치스파는 암캐다. 사냥은 거칠고 강인하고 정열적인 스페인 민중의 민족성을 상징하는 것이고, 치스파를 굳이 암캐로 설정한 것은 스페인의 공동체적 모태성을 드러내기 위한 것이다. 이러한 알레고리는 어머니, 암말 등에서 중첩적으로 구현되고 있다.

어느 날 사냥을 나갔다가 두아르테는 치스파를 총으로 쏘아 죽인다. 그의 시선이 못마땅했기 때문이다. 개는 마치 한 번도 본 적이 없는 것처럼 두아르테를 뚫어지게 바라본다. 두아르테를 쳐다보는 치스파의 눈길은 살쾡이처럼 날카롭다. 꼬치꼬치 캐묻는 고해신부의 눈빛처럼 날카롭다. 무언가 따지는 듯하다. 치스파의 시선은 두아르테의 피를 자극한다. 두아르테는 숨이 막힐 지경이다. 두아르테는 엽총으로 치스파를 쏜다. 그러고 나서 탄환을 장전해서 다시 쏜다. 치스파의 끈적끈적하고 검붉은 피가 땅을 흥건하게 적신다. 치스파의 죽음을 통해 셀라는 내전의 성격을 드러낸다. 한 핏줄을 타고 난 운명공동체인 스페인 민중이 보수와 진보로 나뉘어 대립하고, 서로를 불신하고, 비난하다가 마침내 국토를 피로 흥건하게 적시는 참극이 발생한다. 이것이 바로 스페인 내전이다.

가족 내 폭력과 분열상 ——

셀라는 두아르테 가족 내에서 일상화된 폭력과 구성원들의 분열상을 통해 내전의 성격을 다시 한 번 강조한다. 두아르테의 아버지는 성격이 사납고 거칠다. 어머니도 마찬가지다. 부부는 서로 주먹을 휘두르면서 싸운다. 아버지는 혁대를 끌러 어머니를 구타한다. 어머니는 외간 남자와 바람을 피워 아이를 낳는다. 여동생 로사리오는 영악하지만 가출을 밥 먹듯이 한다. 로페스라는 투우사를 만나 몸도 버리고, 돈도 버린다. 어머니가 바람을 피워 낳은 남동생 마리오는 발육부진으로 고생하다가 어느 날 기름 항아리에 빠져 죽는다. 어머니는 자식의 죽음을 보고 눈물을 흘리기는커녕 낄낄거리면서 웃는다. 두아르테는 어머니를 증오하고, 살인의 충동을 느낀다. 두아르테 가족은 스페인 사회의 축소판이다. 서로를 질시하는 진보와 보수, 이들 사이의 갈등과 반목이 마침내 곪아 터져서 밖으로 분출된 것이 스페인 내전이다.

내전의 전조 ——

두아르테는 과달루페 성녀의 축일인 12월 12일에 결혼식을 올린다. 결혼식이 끝난 후 두아르테는 신부를 암말에 태우고 시내로 나간다. 그런데 냇물을 건너던 말이 지나가던 노파를 발로 차는 바람에 노파가 쓰러진다. 신부는 깔깔거리며 웃는다. 두아르테는 그것을 불안한 미래의 전조로 받아들인다. 다른 사람의 불행을 비웃는 것은 좋은 게 아니다.

두아르테의 우려는 술집에서 현실로 나타난다. 두아르테는 친구들과 어울려 술을 마시다가 간족거리는 사카리아스에게 칼집을 놓는다. 사카리아스의 농담이 지나쳐 두아르테에게는 조롱으로 들린 것이다. 두아르테는 다른 사람을 조롱해서 많은 사람을 웃기려는 건 품위 있는 사람이 할 짓이 아니라고 말한다. 그러면서 그에게 칼을 휘두른다.

전통적 권위와 품위는 보수의 전유물이고 진보는 이러한 전통적 가치에 도전하면서 변화를 추구한다. 보수는 자신들이 진보에 의해 조롱받고 있다고 생각하고 이걸 참지 못한다. 술집에서의 칼집 사건은 이러한 진보와 보수의 대립을 상징한다. 사카리아스의 몸에서는 피가 샘물처럼 솟구친다. 그 피는 가까운 동료, 이웃, 가족이 내전에서 흘린 피다.

캄캄한 밤에 집으로 돌아오니 아내가 아파 누워 있다. 아내는 아이를 유산했다. 두아르테는 마구간으로 가서 아내를 태우고 갔던 암말에게 사정없이 칼침을 놓는다. 적어도 스무 번 이상을 찌른다. 반복적으로 총을 장전해서 치스파를 살해한 비이성적 행동과 일치한다. 이를 통해 셀라는 내전이 비이성적 살인 행위임을 드러낸다. 앞서 말했듯이 암캐, 암말은 두아르테의 어머니처럼 스페인의 모태성을 드러내는 일련의 장치다.

내전은 피할 수 없는 운명 ——

두아르테는 아이를 낳는다. 그러나 아이는 생후 1년을 넘기지 못하고 죽는다. 어머니는 손자의 죽음에 대해서도 냉소적이다. 두아르테와 어머니 사이에는 갈등의 골이 점점 더 깊어진다. 결정적인 사건은 아내의 죽음이다. 아내는 두아르테가 집을 비운 사이에 동네 건달과 바람을 피워서 아이를 가진다. 아이를 지우라는 두아르테의 요구를 묵살한 채 출산을 강행하던 아내는 아이를 낳지도 못하고 죽음을 맞는다. 두아르테는 이 모든 잘못이 어머니에게 있다고 단정 짓는다. 두아르테가 집을 비운 사이 아내가 몸을 팔도록 며느리의 포주 노릇을 한 것이 어머니였기 때문이다.

마침내 두아르테는 칼을 든다. 내전의 시작이다. 어머니를 죽이는 것, 내전은 피할 수 없는 운명이다. 내전은 숙명적으로 일어날 수밖에 없었던 것이다. 그것은 자연재해나 마찬가지였다. 조국에 대해 느끼는 군중의 무력감, 삶의 고결함과 진보를 위해 국가가 아무 것도 해줄 게 없다는 자조감이 내전에 대한 심리적 저항감을 무너뜨린다. 두아르테는 이렇게 울부짖는다. "어머니는 나를 세상에 던져놓았을 뿐, 아무것도 해 준 게 없었지요. 그녀를 죽이는데 아무런 양심의 가책도 느끼지 않았습니다."

전쟁이 시작되자 사람들은 입에 게거품을 물고 짐승처럼 울부짖으면서 서로를 향해 칼을 휘두른다. 두아르테와 어머니는 옷이 찢어져 가슴이 드러날 때까지 쉼 없이 싸운다. 할퀴고, 발길질을 해대고, 주먹으로 내리치고, 깨물어 뜯는다. 어머니는 두아르테의 왼쪽

젖꼭지를 입으로 물고는 뿌리째 뽑아버린다. 그 틈을 이용해서 두아르테는 어머니의 목덜미에 칼을 쑤셔 넣는다. 보수와 진보는 서로를 뿌리째 뽑아버릴 기세고, 서로의 목 깊숙이 칼을 꽂는다. 피가 솟구친다. 어머니의 피 맛은 양의 피 맛과 똑같다. 내전의 희생양은 결국 어머니다. 조국이다. 스페인이다.

내전에 대한 참회록, 영혼의 치유제 ——

두아르테는 재판에서 사형선고를 받고 투옥된다. 감옥에서 그는 자신의 죄를 뉘우치는 고해성사를 한다. 창밖을 내다보면서 어머니를 그리워한다. 그리고 참회의 눈물을 흘린다. 고해신부는 두아르테의 모든 죄를 용서한다. 좌우는 참회의 눈물을 통해 극적으로 화해하고, 스페인은 새로운 어머니, 새로운 조국에 대한 희망 찾기에 나선다.

1942년 셀라가 소설을 펴냈을 때 스페인은 지독한 가슴앓이를 하고 있었다. 내전은 국토를 갈라놓았고, 사람들의 마음을 찢어놓았다. 셀라의 《파스쿠알 두아르테 가족》은 스페인 민중에게 던져진 영혼의 치료제와도 같았다. 그러기에 사람들은 좌우를 떠나 폭발적인 반응을 보였다. 《파스쿠알 두아르테 가족》은 스페인 내전의 참회록이자 힐링이다.

6.25와 전쟁의 상흔 ——

스페인 내전과 마찬가지로 6.25는 내전이다. 한국 작가들이 그리고 있는 6.25의 성격과 상처의 깊이, 치유방법은 셀라가 《파스쿠알 두아르테 가족》에서 보여주는 방식과 똑 같다. 6.25를 들여다보는 한국작가들의 시선은 타인의 상처를 들여다보는 외부자의 시선이 아니라 자신의 몸에 난 상처를 들여다보는 가족의 시선이다. 우리는 전상국의 〈아베의 가족〉, 윤흥길의 〈장마〉, 김원일의 《마당 깊은 집》, 김주영의 《고기잡이는 갈대를 꺾지 않는다》에 나타나 있는 6.25의 상흔을 들여다봄으로써 '핀셋과 힐링'이라는 통섭적 인문학적 정의를 다시 한 번 살펴본다.

전상국의 〈아베의 가족〉 ——

〈아베의 가족〉에서 전상국이 그리는 아베는 6.25라는 역사적 경험이 우리 민족에게 남긴 집단적 상흔의 메타포다.

주인공 진호가 친구들과 4인조 사자클럽을 결성하면서 담뱃불로 팔목을 지지는 것은 내전의 자해적 성격을 드러내는 장치다. "우리는 동시에 담뱃불을 시곗줄을 걸치는 그 팔목 위에 댔다. 우리는 신음했다. 그러나 이를 악물고 하나…두울…세엣…네엣…다섯…여섯…스물까지 세었다. 살타는 냄새가 났다. 담뱃불에 지져진 그 시커먼 데서 노란 액체가 줄줄 흘러나왔다. 우리는 그 상처 위에다가 먹다 남은 소주를 부었다. 네 사람 입에서 각기 무서운 비명이 나왔다." 6.25의 상처는 쓰리고 아프다. 그리고 깊다. 오랜 세월이 지나도 그 흔적은 사라지지 않는다.

진호의 어머니는 6.25 동란의 와중에서 미군 흑인 병사들에게 능욕을 당한다. 당시 그녀는 임신 중이었다. 그 후유증으로 여덟달 만에 아이를 낳는다. 그렇게 태어난 아이가 아베다. 아베는 스무 살이 넘는 청년이 되어도 '아...아...베'라는 말밖에 할 줄 모르는 병신이다. 전상국은 전쟁이 남긴 역사적 상흔의 책임을 미국에 묻고 있다. 그러나 치유의 방식도 미국에서 구한다. 아베의 가족들은 아베를 국내에 버리고 미국으로 이민 간다. 이처럼 전상국은 〈아베의 가족〉에서 미국의 의미를 이중적으로 그리고 있다. 미국은 상흔을 만든 당사자이기도 하고 치유의 조력자이기도 하다.

그렇다고 전상국이 전쟁의 책임을 미국에게만 돌리는 것은 아니다. 북한의 책임성도 분명하게 지적한다. 좌우를 떠나 민족의 집단 자해극이라는 것이 6.25에 대한 전상국의 기본 인식이다.

진호의 어머니는 6.25가 일어나기 두 달 전인 1950년 4월 강원도 춘천의 샘골에 있는 최창배 씨에게 시집을 갔다. 시댁은 부농이다. 인민군이 춘천을 점령하면서 세상은 거꾸로 바뀐다. 행랑채에서 집안일을 거들던 하인 심서방이 붉은 완장을 차고 주인에게 이래라저래라 한다. 인민군들은 급기야 시아버지를 잡아가서 면사무소에 가둔다. 서울에서 난리를 피해 샘골로 내려온 남편은 자수하라는 심서방의 권유를 물리치고 산속으로 도망간다. 그러나 남편은 붙잡힌다. 시아버지와 남편의 구명을 위해 어머니가 나선다. 초등학교 교사 출신인 어머니는 여맹에 가입해서 인민군의 앞잡이 노릇을 한다. 남편은 목숨을 부지하기 위해 마지못해 의용군에 입대한다. 풀려나온 시아버지는 며느리의 진심을 외면한 채 그녀를 싸

늘하게 대한다. 시아버지는 대문에 걸려있던 빨간 깃발을 뽑아버린
다. 인민군이 퇴각하면서 세상은 다시 바뀐다. 그러나 미처 북으로
가지 못하고 산속에 남아서 빨치산을 하던 인민군들이 어느 날 집
안으로 들이닥쳐 시아버지를 살해한다. 그리고 얼마 후 들이닥친
미군 병사들에게 어머니는 능욕을 당한다. 그 난리를 겪은 후 어머
니는 아베를 출산한다. 전쟁의 상흔은 어느 일방이 아니라 남과 북,
좌와 우가 합작해서 남긴 것이다.

어머니는 미국으로 이민을 떠나기 전 아베를 데리고 샘골로 간
다. 그리고 아베를 샘골에 두고 떠난다. 6.25의 상흔은 샘골 속에,
우리의 기억 속에, 민족의 가슴속에 묻힌다. 미국으로 이민을 떠난
후에도 어머니는 아베를 잊지 못한다. 그리고 정신착란증에 시달린
다. 내전의 상흔은 역사에 묻었지만 그 아픔은 아직도 진행형으로
남아서 우리 민족을 건드리고, 흔들고, 괴롭힌다.

윤흥길의 〈장마〉 ──

윤흥길은 〈장마〉에서 6.25를 독특하게 인식한다. 6.25가 내전이라
는 데는 이견을 달지 않는다. 그러나 윤흥길은 6.25를 좌우의 이념
대결이 아니라 자연적인 현상으로 본다. 윤흥길에게는 여름 내내
내리는 지루한 장마와 같은 자연현상이 곧 6.25 동란이다. 장마가
시작되면서 전쟁이 시작되고 장마가 끝나면서 전쟁도 끝난다. 여름
이 가고 가을이 오듯이 전쟁은 계절의 변화처럼 자연스럽게 왔다가
자연스럽게 갔다. 그래서 윤흥길은 정치적 책임을 묻는 방식으로

내전의 상흔을 드러내지 않는다.

윤흥길이 상흔을 치유하는 방식도 이 같은 맥락 위에 서있다. 앞서 보았던 〈아베의 가족〉에서 전상국이 설정한 방식과는 완전히 다르다. 전상국은 〈아베의 가족〉에서 국제정치적 수단을 내세운다. 주인공 진호는 미국인 친구 토미에게 형제국으로서 붕우유신을 잊지 말라고 강조한다. 이에 비해 윤흥길은 토속적인 샤머니즘에서 치유의 수단을 구하고 있다.

주인공 동만이는 초등학교 3학년이다. 동만의 삼촌은 배운 것은 없지만 매우 순수하고 낭만적인 청년이다. 그는 6.25가 발발하고 인민군이 동네를 접수하자 좌익에 가담한다. 그리고 전세가 뒤집혀 인민군이 북으로 물러간 후에는 빨치산으로 활동한다.

건지산에 들어가 있던 삼촌은 어느 날 집에 들렀다가 동만 아버지의 설득으로 자수를 결심한다. 그러나 사소한 사건 하나가 일을 그르친다. 동만의 외할머니가 뒷간에 갔다 오다가 달그락 소리를 낸 것이다. 외할머니는 며칠 전 군에 간 아들의 전사통지서를 받아든 후부터 심사가 크게 뒤틀려 있었다. 그래서 빨치산 사돈총각과 안방의 동향에 촉각을 곤두세우고 있던 터였다. 외할머니가 낸 달그락거리는 소리를 경찰이 습격한 것으로 오해한 삼촌은 뒷담을 넘어 어둠 속으로 사라진다.

이 때문에 할머니와 외할머니는 사이가 크게 벌어진다. 좌와 우의 틈새는 우연적 사건에 의해 촉발되고, 간극이 넓어진다. 다음 날 정보 경찰이 동만이를 꾀어 삼촌이 야밤에 잠입했다가 도망간 사실을 캐낸다. 동만이는 아버지와 고모가 입조심하라고 신신당부를 했지만 결국 경찰이 내미는 초콜릿의 유혹을 참지 못하고 술술 불어 버린다. 그 때문에 아버지가 경찰서에 끌려가 치도곤을 당하고, 할머니는 손자의 안방 출입을 금한다. 그 사건은 동만의 뇌리 속에 죄책감으로 자리 잡는다. 붉은 깃발을 볼 때마다 동만은 죄책감으로 괴로워한다. 껌처럼 들러붙은 레드 콤플렉스다.

그렇게 다시 산으로 들어간 삼촌은 완전히 소식이 끊긴다. 할머니는 오매불망 작은 아들의 귀환을 기다린다. 그러다가 고모의 소개로 용하다는 점쟁이를 찾아간다. 점쟁이는 모월 모일 진시에 작은 아들이 떡 하니 살아서 돌아온다는 점괘를 내놓는다. 그날이 가까워지자 할머니는 잠시도 쉬지 않고 집안 식구들을 들볶는다. 작은 아들이 좋아하는 호박전에다 고사리나물 무침까지 잔칫상 차리듯이 음식을 준비한다.

그러나 집안에 귀환한 것은 작은 아들이 아니라 구렁이다. 사람 키보다 더 큰 구렁이 한 마리가 감나무 위에 올라가 큰 가지에 몸을 칭칭 감고 안마당을 향해 혀를 날름거린다. 할머니는 혼절한다. 주술사로 나선 사람은 외할머다. 외할머니는 냉철하게, 지혜롭게 구렁이를 으르고 달래서 집 밖으로, 동구 밖으로 멀리 내쫓는다. 구렁이는 작가가 삼촌의 혼령을 샤머니즘적으로 설정한 것이다. 그것은 내전의 상흔이다.

좌익의 상실감과 상처를 보듬고 치유한 것은 우익이다. 좌익도 우익의 선의에 마음을 열고 과거의 앙금을 턴다. 할머니는 외할머니를 안방으로 불러들여 눈물을 흘리면서 참회한 후 화해의 손길을 내민다. 그리고 며칠 뒤 숨을 거둔다. 장마는 끝난다. 전쟁은 그렇게 종결된다.

우익을 대표하는 외할머니와 좌익을 대표하는 할머니는 모두 자식을 잃은 한을 가슴에 묻고 사는 여인네다. 그네들의 한은 민족의 집단적 한을 상징한다. 임종의 자리에서 외할머니와 화해한 할머니는 동만의 잘못도 용서한다. 동만도 마음속으로 할머니의 모든 것을 용서한다. 민족은 이념의 차이를 넘어 시간 속에서 극적으로 화해한다.

김원일의 《마당깊은 집》 ──

김원일의 《마당깊은 집》은 6.25 전쟁 소설 가운데 최고의 걸작으로 꼽을 만하다. 서사적 요소와 이데올로기가 이처럼 절묘하게 직조된 전쟁 소설은 쉬 찾기 힘들다. 분단문학 가운데 최고봉으로 꼽히는 조정래의 《태백산맥》은 서사적 요소가 이데올로기라는 프레임에 얹혀 있는 구조다. 그러기 때문에 일부 독자들에게 《태백산맥》은 다소 불편한 깃발일 수 있다.

그러나 김원일의 《마당깊은 집》은 그러한 불편함을 완벽하게 떨쳐내고 있다. 김원일은 결코 깃발을 흔들지 않는다. 그의 깃발은 잘 조리된 음식 속에 녹아 있는 조미료와 같다. 티 나지 않고 자연스럽게 작품 속에 나부끼면서 제 맛과 향기를 낸다.

지긋지긋하게 참혹하고 짐승처럼 더러운 세월, 《마당깊은 집》

주인공 길남의 어머니에게 6.25 직후의 세상은 그런 세월이다. 전
쟁 통에 남편과 생이별하고 자식 넷을 먹여 살리기 위해 뼈마디가
내려앉도록 재봉틀을 돌리지만 더러운 세월의 태는 질기기만 하다.
어머니의 그 더러운 세월은 성장기의 길남에게 굶주림과 서러움의
한이 되어 송골송골 맺힌다. 6.25의 참화는 전쟁이 끝난 후에도 여
전히 진행형으로 민중의 삶을 뒤틀고, 옥죈다.

　휴전 다음 해인 1954년의 대구는 피난민이 들끓는 군사도시였
다. 2군사령부, 군 통합병원, 미 8군사령부, 육군본부가 대구에 있
었고, 군수공장에 기댄 지역경제는 나름 활기를 띠고 있었다. 미군
과 군수산업에 기대어 치부한 고위층들은 떵떵거리며 호사를 누렸
지만 대다수 서민은 절대 빈곤을 벗어나지 못했다. 빈부격차는 하
늘과 땅 만큼이나 벌어지고 있었다. 《마당깊은 집》의 위채와 아래
채는 이러한 양극화된 사회의 축소판이다. 방적 공장을 하는 주인
집은 돈을 갈퀴로 긁는 부자였고, 세든 사람들은 내남없이 팍팍한
살림살이에 부대끼는 가난한 서민이었다. 《마당깊은 집》의 위채와
아래채는 6.25 직후의 설국열차다.

　길남의 어머니는 고관대작들이 밤마다 불야성을 이루는 요릿집
기생들의 조선옷을 맡아 삯바느질을 하고 있다. 일감이 몰릴 때는
그럭저럭 삼시 세끼를 해결할 수 있지만 일감이 떨어지는 긴 장마
철에는 끼니를 거르는 경우가 다반사다.

　어느 날 어머니는 성탄절 이브 날 위채에서 벌어지는 파티장의
뷔페 음식에 침을 흘리던 길남을 방으로 불러들인다. 그리고 사정

없이 회초리를 휘두른다. 서러움에 북받쳐 폭풍 같은 눈물을 쏟아내던 길남은 다시는 돌아오지 않겠노라고 다짐하면서 집을 뛰쳐나간다. 대구역 노숙자 신세로 전락한 길남은 굶주린 배를 채우기 위해 골목길 쓰레기통까지 뒤진다. 어머니는 대구역 긴 의자 옆에서 쭈그리고 잠을 자고 있던 아들을 집으로 불러들여 고깃국을 끓여 밥상에 올린다. 집으로 돌아온 길남은 가출에 대한 죄 값음이라도 하려는 듯 부지런히 장작패기에 매달리고, 열심히 신문을 돌린다.

마당 깊은 집 아래채에 세든 사람들은 모두 제각각의 상처를 안고 있다. 경기댁과 평양댁은 경기도 연백과 평양에서 살다가 남쪽으로 내려온 피난민이고, 준호 아버지는 퇴역 장교로 전투에서 한쪽 팔을 잃은 상이군인이다. 평양댁은 미군 부대에서 나오는 군복 세탁하는 일로 근근이 입에 풀칠을 하고 있다. 폐병환자인 평양댁의 큰 아들 정태씨는 늘 집 안에 드러누워 책만 본다. 그는 평양사범학교를 나온 후 교편을 잡고 있던 지식인이다. 평양댁의 둘째 아들 민이형은 경북고등학교에 다니는 수재다. 서울대학교 법대에 너끈하게 들어갈 수 있었지만 정태씨가 바깥채의 김천댁과 함께 월북을 시도하다가 붙잡혀 사상범으로 투옥된 뒤 진로를 바꿔 경북대학교 의대에 진학한다.

《마당깊은 집》아래채 사람들은 전쟁이 자신들의 인생을 망쳤다고 입을 맞춘 듯 전쟁을 증오하지만 그래도 이 간난의 세월을 이기고 살아야 한다며 서로를 위로한다. 전쟁은 사람을 모질게 만들었지만 그 모진 인생들은 풀잎처럼 처절하게 짓밟히면서도 다시 일어섰다. 그리고 살아남았다. 그렇게 전쟁은 과거가 되고, 그 과거가 남긴 상흔은 서서히 치유되었다.

김원일이 전쟁의 상흔을 드러내는 방식은 윤흥길의 〈장마〉와 맥이 통한다. 장마라는 자연현상처럼 왔다가 가는 전쟁처럼 마당 깊은 집 사람들에게 전쟁은 삶의 일부다. 그들이 전쟁의 상흔을 극복하는 방법도 삶에 대한 의지다. 전쟁 통에 풀잎처럼 쓰러지지만 어느새 그들은 오뚝이처럼 다시 일어선다. 윤흥길이 좌우의 이념적 화해를 통한 상흔의 극복을 제시한 반면 김원일은 민중의 삶에 대한 원초적 본능과 민족적 근면성, 사회적 연대의식을 그 방안으로 제시한다. 길남의 어머니는 억척같이 돈을 모아 조금씩 집안을 일으켜 세운다. 준호아버지와 준호어머니는 건물 두 채를 가진 부자가 된다. 정태씨의 동생 민이형은 의과대학을 졸업한 후 대구 시내에 개업을 해서 어엿한 지도층이 된다. 대학을 졸업하고 꽤나 이름 있는 작가가 된 길남은 어느 날 시내에서 민이형을 만나 소주잔을 기울이면서 옛날을 회상한다. 식구들이 제각각 살 곳을 찾아 떠난 《마당깊은 집》 아래채에는 새로운 양옥 건물이 우뚝 들어선다.

김주영의 《고기잡이는 갈대를 꺾지 않는다》 ——

김주영의 《고기잡이는 갈대를 꺾지 않는다》는 6.25의 상처를 건드린다는 측면에서는 전쟁소설이다. 그러나 앞의 책들과는 달리 상처를 극복하는 전략적 방향을 제시한다는 점에서 그 궤가 조금 다르다.

고기잡이에게 갈대는 성가신 존재다. 낚시를 하거나 투망을 할 때 걸리적거리기 때문이다. 그렇다고 갈대를 꺾어버리면 어떻게 될까? 여러 가지 부작용이 생긴다. 갈대를 꺾으면 습지가 사라지고 생태계가 교란된다. 자연 질서가 파괴된다. 우선 편하자고 갈대를 꺾었다가는 고기잡이의 터전도 사라지고 만다. 우의 입장에서 볼 때 좌는 귀찮은 존재다. 좌의 입장에서 보는 우도 마찬가지다. 그러나 한쪽이 사라지면 인간의 공동체는 균형이 무너진다. 극단은 전체주의가 자라기 알맞은 토양이다. 김주영이 책에서 말하는 메시지는 조화와 균형, 공존이다.

김주영은 빨갱이를 소탕한다는 명목으로 죄 없는 사람을 잡아다가 고문하고, 연좌제라는 올가미를 뒤집어씌우고, 심지어는 아이들의 순수한 동심까지도 유린하는 우익의 이념적 과잉을 나무라고 있다. 김주영의 이 소설은 김원일의 《마당깊은 집》과 그 프레임이 비슷하다. 6.25 후 전쟁의 상흔을 초등학교 아이의 눈으로 들여다보고 있다는 점에서 우선 그 시선이 일치한다. 그리고 깃발을 직접 흔들지 않으면서도 그 효과를 극적으로 드러낸다는 점에서 두 작품은 일란성 쌍둥이와 같다.

초등학교 3학년인 형석과 세 살 터울의 아우 형호는 주린 배를 움켜쥐고 어둠이 짙게 깔린 툇마루에서 어머니를 기다린다. 어머니는 동네 월천댁에 방아품을 팔러 나갔다. 몇 차례나 딱지를 접었다, 폈다 하면서 시간을 죽여보지만 어머니는 종내 올 기미가 보이지 않는다. 아우가 한바탕 울음을 터뜨리고 눈물자국 가득한 얼굴로 날바닥에 쓰러져 잠이 들어도 어머니는 오지 않는다.

굶주림은 6.25 동란 후 민초들에게 일상화된 풍경이다. 김원일의 《마당깊은 집》 길남에게도 굶주림은 가장 견디기 힘든 형극이었다. 형오에게도, 길남에게도 아버지는 없다. 좌익에 가담했다가 행방불명이 되거나 월북했다. 두 작품에서 아버지의 부재라는 상황이 암시하는 바는 전란으로 피폐해진 전후 국민경제의 비극적 모습이다. 어머니 혼자서 품을 팔거나 삯바느질을 해서 아이들을 먹여 살려야 하는 상황은 국가와 시장이 제 역할을 못하는 왜곡된 구조다. 미군 병사들에게 껌이나 초콜릿을 구걸하는 길남과 형호의 모습은 원조경제, 구호경제의 알레고리다.

이발사 설영도와 여선생, 삼손 장석도는 김주영이 좌익의 상징으로 설정한 소재다. 《마당깊은 집》의 정태씨와 김천댁이 갖는 상징성과 같은 장치다. 이발사 설영도는 도시에서 좌익 활동을 하다가 시골에 들어온 30대 초반의 지식인이다.

어느 날 형석은 해 질 녘에 학교 운동장 철봉에 혼자 매달려 있다가 여선생을 만난다. 여선생은 딱지로 접은 메모를 하나 주면서 이발사에게 몰래 전해달라고 당부한다. 형석은 찢어진 주머니에 메모를 넣고 가다가 잃어버린다. 형석이 잃어버린 메모는 크게 사단을 일으킨다. 누군가가 메모를 주웠고, 그게 정보기관에 들어간 것이다. 형사들이 이발관을 급습해서 설영도를 체포하고 학교는 발칵 뒤집어진다. 난데없이 소지품 검사를 해서 아이들의 딱지는 모조리 압수된다. 그 후 여선생도 자취를 감춘다.

김주영은 아우의 심성을 통해 좌익의 이념적 적실성과 순수성을 소설에 얹힌다. 아우는 옆집 옥화를 꼬여 무거리떡을 얻어온다. 그리고 이렇게 말한다. "히야, 이 떡 공평지게 농구자." 형석은 식칼을 가지러 부엌으로 간다. 그동안 형호는 떡에 박혀 있는 콩 한 톨 뽑아먹는 일 없이 조용히 기다린다. 그리고 형호는 반분된 자신의 몫에서 한입 뚝 떼어 형석에게 주면서 이렇게 말한다. "히야는 형이니까 많이 묵어야 한다고 엄니가 안 카드나." 존 롤스가 말하는 정의의 원칙이 배어 있다.

장석도는 힘이 장사다. 무거운 바윗돌을 예사로 들어올린다. 그래서 아이들은 그를 삼손이라는 별명으로 부른다. 삼손은 술도가에서 일하는 노동자다. 멍석에 널어놓은 고두밥을 고무래로 헤적여서 골고루 마르도록 하는 일이 그에게 주어진 임무다. 삼손은 술도가 한터에서 고두밥을 말리면서 그 주변을 빙빙 도는 동네 꼬마들과 종일 신경전을 벌인다. 삼손이 꾸벅꾸벅 조는 틈에 아이들은 잽싸게 고두밥을 한 움큼씩 훔쳐서 달아난다. 삼손은 그걸 알면서도 모르는 채 슬쩍 눈을 감는다.

때로는 새 떼가 고두밥에 내려 앉아 극성을 피우기도 한다. 이때도 삼손은 무심코 조는 체한다. 김주영은 삼손의 까치밥 철학을 통해 나눔과 평등이라는 메시지를 다시 한 번 소설에 얹힌다. 물론 노골적으로 드러내지는 않는다. 아이들이 없으면 삼손 자신의 역할도 없다. 둘은 천적이면서 상생 관계에 놓여 있다. 삼손이 아이들의 발모가지를 분질러버리지 않는 것은 고기잡이가 갈대를 꺾지 않는 이치와 같다.

제 15강

인문학의 경전

인문학을 학습하는 첫걸음은 고전읽기다. 여러 가지 고전 가운데 청춘에게 우선적으로 권하고 싶은 고전은 톨스토이의 《안나 카레니나》, 찰스 디킨스의 《위대한 유산》, 세르반테스의 《돈키호테》, 그리고 도스토옙스키의 《카라마조프 가의 형제들》이다. 이 책들은 인문학의 모든 주제를 담고 있다. 이상적 결혼과 행복, 사람으로서 마땅히 갖추어야 할 품격, 자유와 정의의 사회적 의미, 가치 있는 삶의 조건과 구원의 문제 등 인문학의 모든 주제를 다루고 있다. 행복을 주제로 한 제4강에서 이미 다룬 바 있는 《안나 카레니나》를 제외한 세 가지 책의 인문학적 의의를 살펴본다.

찰스 디킨스의 《위대한 유산》——

진정한 신사란 어떤 사람인가? 찰스 디킨스의 《위대한 유산》은 신사의 품격을 탐구하고 있는 고전이다. 디킨스는 물질적 풍요, 사교계의 매너, 옷차림 등과 같은 외형적 측면보다는 도덕적 완성에 방점을 찍는다. 돈 좀 있다고 화려하게 옷을 차려 입고, 살롱이나 드나들면서 어깨에 힘을 주는 사람은 진정한 신사가 아니다. 디킨스는 고결한 인품과 지성을 갖추고 상대를 배려하는 따뜻한 마음을 가진 사람이 진정한 신사라고 결론짓는다.

호의와 헌신 ——

찰스 디킨스가 신사의 제1조건으로 꼽는 덕목은 호의와 헌신이다. 주인공 핍은 조실부모하고 누나 집에서 얹혀산다. 매형 조는 대장장이다. 핍은 어린 시절 동네 습지에서 우연히 마주친 죄수(매그위치)에게 음식과 술을 갖다 주는 호의를 베푼다. 이것이 인연이 되어 핍은 그로부터 막대한 유산을 물려받는다. 하루아침에 부자가 된 핍은 런던으로 떠난다. 신사가 되기 위해서다.

런던에서 핍은 고급 사교장을 출입하면서 돈 많은 사람, 신분이 높은 사람들과 어울린다. 하인을 고용해서 부리고, 자신을 찾아온 매형 조를 불편해한다. 볼 일이 있어 고향에 가도 누나 집에는 들르지 않는다. 핍은 이제 그들과는 다른 세계의 사람이다. 신분 상승의 꿈을 이룬 런던 신사 핍에게 과거는 감추고 싶은 치부일 뿐이다. 양심의 가책을 느끼지만 핍은 선물 꾸러미를 사서 부치는 걸로 그걸 희석한다.

어느 날 핍에게 죄수 매그위치가 찾아온다. 매그위치는 핍에게 자신이 유산의 주인공이라고 밝힌다. 감옥에서 나온 후 매그위치는 사업으로 큰돈을 벌었고, 습지에서 순수한 마음으로 자신에게 호의를 베풀어준 핍에게 모든 재산을 물려주기로 결심했노라고 말한다. 그때까지 핍은 해비셤이라는 늙은 노파가 자신의 은인이라고 믿고 있었다. 해비셤은 핍을 자신의 집에 시동侍童 삼아 데려다놓고 관찰하면서 핍을 우호적으로 대한다. 해비셤은 핍에게 상당한 액수의 돈을 수고비로 주고 매형 조와 도제계약을 맺게 해준다. 여러 가지 정황으로 핍은 유산의 주인공이 해비셤이라고 굳게 믿고 있었다. 동네 사람들과 해비셤의 친척들도 모두 그걸 기정사실로 받아들인다.

그러나 그것은 사실이 아니었다. 우연의 일치일 뿐 유산의 주인공은 죄수 매그위치였던 것이다. 죄수의 돈으로 신사가 되었다는 사실을 알게 된 핍은 정신적으로 큰 혼란에 빠진다. 핍은 괴로워하다가 결국 유산을 포기하기로 결심한다.

역설적이게 이때부터 핍은 진정한 신사가 되어 간다. 종신형을 선고받고 국외로 추방되었던 매그위치가 죽음을 무릅쓰고 자신을 만나기 위해 영국으로 잠입해왔다는 걸 알게 된 핍은 그를 헌신적으로 돌본다. 탈출 계획이 실패하여 매그위치는 교수형에 처하게 되지만 핍은 한시도 그의 곁을 떠나지 않는다.

매그위치가 죽은 후 핍은 고향으로 돌아가 매형에게 용서를 구한다. 어린 시절부터 자신을 헌신적으로 보살펴준 매형을 배신했던 자신을 용서해달라고 참회의 눈물을 흘린다. 핍은 마침내 참된 신사로 거듭난다.

248

돈의 가치 ──

돈의 가치를 아는 것은 쉽지 않다. 더군다나 그걸 가치 있게 쓰는 것은 더더욱 어렵다. 찰스 디킨스는 돈의 가치를 알고, 돈을 가치 있게 쓸 줄 아는 사람만이 신사가 될 수 있다고 말한다. 뜻하지 않게 큰 유산을 물려받는 핍은 런던에서 돈을 펑펑 쓴다. 자신이 땀 흘려 번 돈이 아니었기에 핍은 그 가치를 모른다.

그러나 핍이 유산을 가치 있게 쓴 경우가 딱 한 번 있었다. 허버트라는 친구를 위해서다. 허버트는 런던에서 핍에게 교양 교육을 가르치던 매슈의 아들이다. 허버트와 핍은 해비셤의 집에서 주먹다짐을 한 적이 있다. 그 인연으로 핍과 허버트는 둘도 없는 친구가 된다. 허버트는 회계사 사무실과 보험회사 등에서 일하면서 사업 기회를 엿보지만 자본이 없어 꿈을 이루지 못하고 있다. 핍은 자신의 유산 일부를 떼어 허버트를 아낌없이 도와준다. 그러나 허버트에게는 일체 비밀로 한다. 허버트는 핍의 도움으로 유력한 사업가의 파트너가 되어 성공 가도를 달린다.

허버트도 핍을 위해서는 물불 가리지 않고 나선다. 매그위치를 탈출시키는 일에도 앞장선다. 조의 대장간에서 일하던 올릭의 계략으로 죽음의 문턱에까지 간 핍의 목숨을 구한 것도 허버트였다. 올릭은 대장간에서 일할 때 핍의 누나와 싸움을 벌여 미운 털이 박혔다. 그리고 해비셤의 문지기로 고용되었다가 핍 때문에 쫓겨난 적도 있다. 앙심을 품은 올릭은 핍의 일거수일투족을 감시하다가 매그위치의 비밀을 알게 되고, 그걸 미끼로 핍을 유인해서 죽이고자

했던 것이다.

 핍은 매그위치의 유산을 포기한 후에도 허버트를 위해 적극 나선다. 허버트를 파트너로 고용해준 사업가에게 주기로 약속했던 900파운드를 마련하기 위해 핍은 해비셤에게 가서 도움을 청한다. 해비셤은 핍의 순수한 우의를 발견하고 선뜻 900파운드를 내준다. 그리고 핍이 허버트의 아버지 매슈(매슈는 해비셤과 사촌 간이다)를 정직하고 곧은 사람이라고 말하자 그녀는 매슈에게 4000파운드의 유산을 남긴다.

직업과 신사 ——

찰스 디킨스가《위대한 유산》을 발표한 것은 1861년이다. 이 당시는 전근대적 신분질서가 붕괴되고 근대적 시민계급이 역사의 주인공으로 전면에 부상하던 시기다. 산업혁명 이후 경제적으로 큰 부를 일군 부르주아지는 돈을 무기로 전통적 귀족계급들과 함께 신사의 반열에 올랐다.

 디킨스는《위대한 유산》에서 다양한 유형의 부르주아지를 등장시킨다. 그러나 그들 모두를 신사로 분류하지는 않는다. 펌블추크가 대표적이다. 펌블추크는 시내에서 꽤 잘나가는 곡물 상인이다. 교양도 어느 정도 갖췄다. 펌블추크는 해비셤의 건물에 세를 내 영업을 하고 있다. 해비셤에게 잘 보이기 위해 핍을 그녀의 집 시동으로 소개한 것도 펌블추크다. 핍이 해비셤에게서 큰 유산을 물려받았다는 소문이 나자 펌블추크는 핍을 상전 모시듯이 한다. 평소에는 핍을 형편없는 어린아이로 취급했지만 부자가 되자마자 갖은 아첨을 다 떤다. 그에게서는 신사의 품격을 전혀 발견할 수 없다. 그는 장사로 돈을 번 그저 그런 속물이다.

진정한 신사의 품격을 느끼게 하는 사람은 오히려 대장장이 조다. 조는 성격이 거친 핍의 누나에게 눌려서 산다. 교육을 제대로 받지 못한 일자무식꾼에다 기술 하나로 겨우 입에 풀칠을 하는 서민이지만 조는 누구보다 순수하다. 맑고 깨끗한 영혼의 소유자다. 핍이 누나에게 매질을 당할 때 나섰다가 자신도 구타를 당하지만 그래도 핍을 끝까지 보호한다. 상심한 핍을 무등 태워 밖으로 나가 위로해주는 것도 조다. 매형이기 이전에 조는 핍의 충실한 보호자다. 핍이 "왜 그러고 사느냐?"고 물었을 때 조는 이렇게 답한다. "난 불쌍한 우리 어머니에게서, 고되게 노예처럼 일만 하면서 정직한 마음에 상처만 입고 평생 하루도 마음 편하게 지내지 못하는 그런 여자의 모습을 너무도 뼈저리게 보았단다. 그래서 여자에게 올바른 행동을 하지 않음으로써 잘못을 저지르는 걸 끔찍이 두려워하게 되었단다. 그래서 차라리 다른 방식으로 잘못을 해서 내가 좀 불편하게 사는 것이 둘 중에 그래도 낫겠다고 생각했지."

런던으로 나간 핍을 만나러 갔다가 박대를 당하지만 조는 아무런 불평도 하지 않고 대장간으로 돌아간다. 매그위치가 죽은 후 핍이 고향에 돌아와 눈물을 흘리면서 용서를 구할 때 조는 아무런 조건 없이 다시 핍을 받아들인다. 직업인으로서도 조는 타의 귀감이 될 정도로 성실한 인물이다.

핍이 도제 생활에 염증을 느끼면서도 잘 견딜 수 있었던 것은 순전히 조의 성실함 때문이었다. 핍은 이렇게 술회한다. "대장간의 도제로서 전혀 마음이 내키지 않았지만 그런대로 열심히 일할 수 있었던 것은 순전히 조의 근면성 때문이었다. 온화하고 심성이 정직하며, 자신의 의무를 다하는 어떤 한 사람의 영향력이 이 세상에서 얼마나 멀리까지 미치는가를 아는 것은 가능하지 않다." 직업에 대한 소명의식, 근면성이 신사의 조건일 뿐 직업의 귀천은 신사의 조건이 아니다.

조는 또한 순수함의 대명사다. 조는 핍이 유산을 물려받은 후 도제계약을 해지하면서 "별도의 사례가 필요하면 말해보라"는 변호사 제거스의 말에 이렇게 답한다. "핍은 자신의 영광과 행복을 위해 얼마든지 자유롭게 떠날 수 있습니다. 그를 떠나보내는 것을 돈으로 보상할 수 있다고 생각한다면 핍과 나의 우정을 심각하게 훼손시키는 것입니다… 나는 한 번 말하면 진정으로 말하고, 또 쓰러질 때까지 그것을 지키는 사람입니다." 이해관계를 떠난 참된 교우관계와 언행일치는 디킨스가 제시하는 신사의 또 다른 조건이다.

훈육의 명암 ──

훈육이라는 이름으로 행해지는 어른들의 행동은 때로 폭력적으로 나타나기도 한다. 사랑의 매라는 말이 있지만 그것은 교육을 가장한 폭력에 지나지 않는다. 디킨스는 소설에서 이러한 교육 철학을 뚜렷하게 드러낸다. 누나는 수시로 핍에게 매를 든다. 명분은 훈육이다. 부모 없이 자라는 동생이 빗나가지 않도록 교육을 시킨다는 것이다.

펌블추크와 같은 이웃들도 같은 편이다. 그들은 "너를 손수 길러 주는 누나에게 늘 감사한 마음을 가져야 한다"면서 누나를 거든다. 밖으로 드러내지는 않지만 핍은 이러한 누나에게 불만이다. 1인칭 작가 시점으로 쓰인 이 소설에서 디킨스는 핍을 통해 이렇게 말한다. "우리 누나의 양육 방식은 나를 예민하게 만들었다. 아이들이 누구한테 양육을 받는지 간에, 아이들이 존재하는 조그만 세계에서 부당한 처사만큼 아이들에게 예민하게 인식되고 세세하게 느껴지는 것은 없다. 유아기 때부터 내 마음속에는 부당한 처사에 대한 끊임없는 갈등과 거부감이 형성되어 있었다. 말을 할 줄 알게 되었을 때부터 나는 누나가 변덕스럽고 폭력적인 억압으로 나를 부당하게 대한다는 것을 인식하고 있었다. 나를 손수 길러 준다고 해서 그것이 곧 나를 마구 패대기치며 기를 권리를 누나에게 부여한 것은 아니라는 확신을 나는 마음속 깊이 간직하고 있었다."

사랑과 신사 ——

핍에게는 비디와 에스텔러라는 두 여인이 있었다. 비디는 동네의 사설 학원 같은 데서 아이들을 가르치다가 나중에 핍의 집에 들어와서 살게 된 여자다. 그리고 에스텔러는 매그위치의 딸로 우여곡절 끝에 해비셤의 양녀로 들어간 여자다. 핍은 두 여자 모두에게 관심이 있지만 여성으로서 매력을 더 크게 느끼는 쪽은 에스텔러다.

에스텔러는 핍이 해비셤의 집에 시동으로 가게 되면서 알게 된 여자다. 에스텔러는 아름답고 우아한 여성이지만 자존심이 세다. 핍에게 관심이 없지는 않지만 대장간에서 일하는 핍과 결코 섞이고 싶어 하지 않는다. 핍이 신사가 되기로 마음먹은 것은 에스텔러에게 어울리는 남자가 되기 위해서였다. 핍은 해비셤이 자신과 에스텔러를 결혼시켜 유산을 물려줄 계획을 갖고 있는 것으로 생각하고 에스텔러를 대한다. 그녀가 쌀쌀맞게 굴어도 결국 자신의 배필이 될 것으로 믿고 견뎌낸다. 하지만 유산의 주인이 해비셤이 아니라 매그위치임이 밝혀지면서 에스텔러와의 관계도 끝난다. 에스텔러는 결국 핍이 지극히 경멸하는 친구 드러믈과 결혼한 후 파탄을 맞는다.

핍은 매그위치가 죽은 후 고향으로 돌아가면서 비디와 결혼할 마음을 먹는다. 그러나 비디에게도 이미 임자가 생겼다. 상대는 조다. 조는 핍의 누나가 올릭에 의해 살해된 후 비디와 사랑을 키워오다가 핍이 고향으로 돌아온 일요일 결혼식을 올린다.

핍은 두 사람을 축복해주고 허버트가 지점장으로 나가 있는 이집트로 떠난다. 그리고 10여 년의 세월이 흐른 후 고향으로 돌아와 폐허가 된 해비셤의 정원에서 에스텔러를 다시 만난다. 둘은 영원한 친구로 남기로 약속한다.

수신제가와 신사의 품격 ——

신사가 되기 위해서는 우선 자신을 갈고 닦아야 한다. 디킨스가 말하는 신사는 동양의 선비와 닮아 있다. 동양의 선비에게 요구되는 덕목을 압축하면 수신제가치국평천하다. 신사가 되는 것도 다르지 않다. 책을 열심히 읽어 교양을 갖추고, 세상을 보는 안목을 키우고, 그를 통해 부지런히 자신의 마음을 수양하는 것이 신사가 되기 위한 첫걸음이다.

디킨스는 허버트의 입을 통해 이렇게 말한다. "마음이 진정한 신사가 아닌 사람이 행동에 있어서 진정한 신사가 된 적은 유사 이래 단 한 번도 없었다. 어떤 왁스칠도 나뭇결을 가릴 수 없으며, 우리가 왁스칠을 하면 할수록 오히려 그 나뭇결이 더욱 더 잘 드러나게 마련이다." 강이 자기 본래의 깊이를 가지고 있듯이 사람은 누구나 타고난 자신의 깊이를 지니고 있다. 사람의 깊이는 마음의 수양에 비례하며, 깊이가 깊을수록 신사의 품격은 커진다.

세르반테스의 《돈키호테》 ——

《돈키호테》의 중심 메시지는 자유와 정의다. 풍차와 물레방아를 향해 무모하게 돌진하는 돈키호테는 세상의 모든 속박과 굴레를 오로지 순수한 신념 하나로 정면 돌파해나가는 자유로운 인간의 모습을 상징한다. 그러한 행위의 목적은 정의로운 사회의 구현이다. 가난한 자를 구제하고, 얽매인 자를 풀어주고, 뒤틀린 세상을 바로잡는 것이 방랑기사의 임무다.

자유와 정의라는 메시지는 처음부터 끝까지 소설을 관통하고 있다. 주제 자체는 무겁지만 이를 다루는 방식은 가볍다. 세르반테스는 재치와 해학, 익살로 무거운 주제를 가볍게 다룬다. 이것이 《돈키호테》가 대중성을 확보한 비결이다. 수십 가지의 모험담과 사랑 이야기가 등장하지만 모든 이야기의 메시지는 '자유와 정의에 관한 유쾌한 페이소스'라는 범주를 크게 벗어나지 않는다.

다른 고전도 비슷한 경우가 있지만 세르반테스의 《돈키호테》는 특히 축약에 의한 주제의 왜곡이 심하다. 우리가 알고 있는 돈키호테는 로시난테를 타고 풍차를 향해 질주하는 미치광이 기사의 모습이 전부라 해도 과언이 아니다. 한글 번역본 기준으로 1500페이지가 넘는 방대한 분량의 장편소설이지만 우리에게 각인된 돈키호테는 딱 이 장면 하나다. 이 축약 때문에 자유와 정의라는 소설의 중심 메시지는 사라진 채 남들과 다른 별종의 인간형을 의미하는 돈키호테만 남아 있다. 수백 년 된 소나무의 굵은 뿌리와 줄기는 싹둑 잘라버리고 잔가지만 달랑 전시해놓은 채 굉장한 소나무라고 칭송하는 꼴이다.

《돈키호테》의 탄생 배경 ——

세르반테스의 《돈키호테》는 1권과 2권으로 구성되어 있다. 이야기의 얼개가 대충 비슷하기 때문에 1권만 읽어도 전체적인 작가의 의도를 파악하는 데는 지장이 없다. 세르반테스 본인도 1권의 후속편에 해당하는 2권의 출간 여부를 심각하게 고민했다. 거기가 거긴데 새삼 또 2권을 출간하는 것이 부담스러웠기 때문이다. 그래서 2권의 틀을 대폭 수정했다는 인상도 강하게 풍긴다. 1권에서는 돈키호테가 얻어터지고, 깨지는 장면이 주를 이루지만, 2권에서는 돈키호테가 어엿한 기사로 대접받고 대중의 환호를 받는 장면이 자주 등장한다.

2권에서 위작의 문제를 여러 곳에서 거론하고 있는 걸로 봐서 1권의 성공으로 베끼기가 횡행했을 것이라는 당시의 사회적 분위기도 읽을 수 있다. 그래서 작품의 진본 시비에 쐐기를 박기 위해 2권을 출간했음을 짐작케 한다.

표절 시비는 동서고금을 막론하고 늘 있어 왔던 문제다. 신경숙의 사례에서 보듯이 오늘날 한국 문학계에서도 논란이 되고 있다. 비단 문학이라는 영역에 국한된 것만도 아니다. 사회과학 분야와 자연과학 분야에서 인류 역사상 가장 위대한 저서를 남긴 칼 마르크스와 찰스 다윈도 표절 문제로 심각하게 고민하고 시달렸다.

신실한 학문의 동지였던 엥겔스의 도움이 없었다면 마르크스의 《자본론》은 표절 시비에 휘말려 햇빛을 보지 못했을 수도 있었다. 다윈도 비슷한 주제의 논문이 있는 것을 발견하고 《종의 기원》 출간을 포기하기로 했다가 친구들의 중재로 마음을 바꿨다.

분야를 떠나 작품의 가치는 결국 역사와 대중이 결정한다. 라만차의 방랑기사 돈키호테를 주제로 한 허다한 모작과 위작이 있었지만 세르반테스의 《돈키호테》 외에는 단 하나도 전해지지 않는다는 사실이 이를 증명한다.

《돈키호테》라는 소설이 세르반테스의 순수한 창작물인지도 사실 불분명하다. 작가 자신이 줄기차게 강조하고 있듯이 이 소설은 시대 아메테 베넹헬리라는 역사학자가 아랍어로 남긴 글을 스페인어로 번역한 형태를 취하고 있다. 그것도 세르반테스 본인이 직접 번역한 것이 아니라 돈을 주고 번역을 의뢰한 것으로 나온다. 이 구도가 소설적 허구로서 설정된 것일 수도 있지만 그 당시 스페인 전역에서 전해지는 각종 설화나 민담을 세르반테스가 집대성한 측면도 없지 않을 것이다.

이런 점에서 볼 때 《일리아드》나 《오디세이》 《그리스 로마 신화》 《아라비안나이트》처럼 《돈키호테》도 스페인 민중의 집단 기억에 의한 전승 작품일 가능성을 배제할 수 없다. 그러나 세르반테스 본인의 천재성이 없었더라면 이러한 이야기들이 《돈키호테》라는 이름으로 오랜 세월 국경을 초월하여 대중의 사랑을 받기는 어려웠을 것이다. 그만큼 세르반테스는 뛰어난 이야기꾼이다. 호머에 필적하는, 아니 어떤 면에서는 그를 능가하는 작가가 바로 세르반테스다.

세상을 바로잡는 정의의 기사 ──

《돈키호테》의 원래 제목은 《기발한 시골 양반 라만차의 돈키호테》이다. 라만차는 스페인의 지명 이름이고, 돈키호테의 돈Don은 선비, 양반, 선생을 뜻하는 스페인어로 영어의 'Sir'에 해당한다. 스페인 귀족들은 자신들의 이름 앞에 모두 돈Don을 쓴다. 여성 형은 도나Dona다. 그래서 돈키호테를 문자 그래도 해석하자면 '키호테라는 이름을 가진 스페인 라만차 지방의 귀족, 양반'이라는 뜻이다.

키호테는 원래 평범한 농사꾼이었지만 워낙에 기사소설을 많이 읽은 탓에 어느 날 머리가 돌아버린다. 그래서 방랑기사가 되어 세상을 바로잡겠다는 망상에 사로잡힌다. 돈키호테는 가족과 이웃의 만류를 뿌리치고 로시난테라는 말을 타고 산초 판사와 함께 방랑기사로서의 모험을 시작한다. 산초 판사(판사는 재판을 담당하는 그 판사가 아니라 단순한 스페인어의 이름이다.)는 돈키호테를 보좌하는 하인이다. 돈키호테는 자신이 황제가 되면 산초 판사를 백작으로 임명하겠다고 꼬드겨 자신을 따라나서게 만든다.

세상에 나서는 목적은 명확하다. 정의구현이다. "이런저런 준비를 모두 마치고 나자 돈키호테는 더 이상 망설일 필요가 없다고 생각했다. 세상이 그를 원하고 있는데 자신이 늦어지면 죄가 된다는 생각에 일을 서둘렀다. 하루빨리 세상에 나가 원한은 풀어주고 굽은 것은 펴주며 불합리한 것은 바로잡아주고 미신은 깨우쳐주고 빚은 갚아주어야 했다." 앞에서 말했지만 이 메시지는 처음부터 끝까지 일관되게 나타난다.

이런 점에서 세르반테스의 《돈키호테》는 《롤랑의 노래》 《아서왕과 원탁의 기사》와 같은 중세 기사소설의 계보로 분류할 수 있다. 돈키호테가 풍차를 보고 돌진하는 것도 악의 무리를 물리치고 정의를 구현하기 위해서다. 돈키호테는 풍차를 보고 이렇게 외친다. "산초 판사여! 저기 거인이 보이지 않는가? 내 저놈들의 목숨을 사정없이 빼앗아 버릴 걸세. 이것은 정의의 싸움이며, 이 땅에서 저런 악독한 죄의 씨앗을 없애버리는 것이 하나님에게 봉사하는 일일세." 돈키호테에게 있어서 가장 중요한 가치는 정의의 실현이며,

기사로서 그가 지니는 칼과 창, 방패, 투구, 팔뚝의 힘, 정신은 오로지 이 목적을 달성하기 위한 수단이다.

권위를 깨부수는 해학의 페이소스 ——

세르반테스는 서문에서 자신이 책을 출간한 목적이 '세상의 잘못된 권위를 깨부수는 데 있다'고 밝힌다. 그래서 엄숙 모드가 아니라 재밌고 경쾌한 모드로 소설을 엮었다고 말한다.

세르반테스는 기사 서품식부터 전통의 관행을 완전히 깨부순다. 돈키호테는 객주집 주인을 성주로 여기고 그에게 서품을 부탁한다. 객주집 주인은 돈키호테가 미치광이임을 알면서도 엄숙하게 서품식을 거행해준다. 돈키호테는 서품식에서 '가난하고 천대받는 자들을 도우며 기사도와 방랑기사의 책무를 완수하겠다'고 다짐한다.

돈키호테가 죄수 호송 마차를 공격해서 죄수들을 풀어주는 이야기도 전통적인 사법적 권위에 대한 도전정신이 반영된 것이다. 호송을 담당하고 있는 공무원들이 법의 판결을 무력화하는 것은 황제에 대한 도전이라고 경고하지만 돈키호테는 아랑곳하지 않고 이들이 죄수가 된 사정을 일일이 들어본 후 사슬을 끊어 이들을 풀어준다. 재판관의 잘못된 판단이 죄수들의 신세를 망친 원인이므로 이들을 풀어주는 것은 정의에 부합된다는 것이다.

산초 판사는 유쾌한 반란이라는 소설의 페이소스를 강화하기 위해 설정된 인물이다. 산초 판사는 한마디로 재치덩어리다. 그의 말은 해학과 에피그램의 진수를 보여준다. 돈키호테가 이상주의자임에 비해 산초 판사는 전형적인 현실주의자다. 정의를 구현하기 위해 길을 나서는 돈키호테에 비해 산초 판사는 한자리하기 위해 주인을 따라나선다. 날아가는 독수리보다는 손에 든 새가 낫다는 것이 산초 판사의 인생철학이다.

삯을 지불하는 것과 자리를 지키는 것 ──

서품식을 마친 방랑기사 돈키호테가 가장 먼저 처리한 일은 임금체불 문제다. 돈키호테는 밀린 임금 지불을 요구하는 목동을 나무에 묶어놓고 체벌하는 목장주인에게 창을 들이대고 이 문제를 해결해준다. 삯을 제대로 지불하지 않은 게 있으면 당장 주라는 것이 돈키호테의 명령이다. 고용주가 노동자에게 정당한 노동의 대가를 지불하는 것, 세르반테스가 말하는 가장 중요한 정의의 기준이다.

돈키호테가 떠난 후 목장주인이 임금을 지불하기는커녕 목동을 더 패는 장면은 사회적 현실과 부조리를 폭로하기 위한 설정이다. 목동이 나중에 돈키호테를 찾아와 '또 다시 그런 장면을 목격하면 제발 아는 체도 하지 말고 그냥 지나쳐달라'고 호소하는 장면에서는 시민적 권리가 성숙되지 않은 전근대적 노동현실의 비극이 드러난다.

또한 돈키호테는 반칙과 편법을 철저하게 배격한다. 기사도를 준수하고, 원칙과 정도에 충실한 것이 기사로서 명예를 지키는 길이고, 정의에 부합된다는 것이 돈키호테의 철학이다. 돈키호테는 산초 판사에게 자신이 아무리 위험한 상황에 처하더라도 자기를 돕기 위해 손에 칼을 쥐고 나서지 말라고 말한다. 기사 서품을 받지 않은 사람이 칼을 쥐고 상대를 공격하는 것은 기사도에 어긋나기 때문이다. "기사의 모험이라는 것은 밑바닥까지 체험할 수가 있는 거네. 자네가 주의해야 할 것은 내가 어떤 커다란 위험에 놓이더라도 나를 방어하고자 칼에 손을 대서는 절대 안 된다는 거네. 나를 공격하는 자들이 예의라곤 없는 천한 무리라면 물론 자네가 나서서 나를 도와줄 순 있겠지. 그러나 그들이 당당한 기사들이라면 절대 자네가 나설 자리가 아니라는 걸 명심하게."

자신의 위치를 지키고, 나설 자리를 구분하는 것은 세르반테스가 말하는 또 다른 정의의 기준이다. 군군신신부부자자君君臣臣父父子子, 임금은 임금으로서, 신하는 신하로서, 아버지는 아버지로서, 자식은 자식으로서 제자리를 지키는 것이 예禮라고 하는 동양적 정의관과 일치하는 대목이다.

평등과 공정 ——

돈키호테는 말이 많은 산초 판사에게 끊임없이 주의를 주고, 핀잔을 주지만 그를 모욕하거나 무시하는 경우는 없다. 권위를 내세워 그를 핍박하지도 않고, 주종관계를 내세워 그를 종 부리듯 하지도 않는다. 언제나 수평적 동지관계로서 산초 판사를 인격적으로 대한다. 모험이 종료된 후 백작이 되게 해주겠다는 약속을 지키지는 못했어도 그를 따라다니면서 수고한 노임은 철저하게 지불한다. 죽으면서 가장 먼저 챙기는 유언도 산초 판사에 대해 수고비를 넉넉하게 지급하라는 것이었다.

　돈키호테는 기사도란 사랑의 도며, 평등을 지향한다고 강조한다. "내가 자네의 주인이고 어른이지만 자네도 나와 똑같이 격의 없이 행동하는 것이 나는 좋네. 말하자면 나와 같은 그릇으로 밥을 먹고, 내가 마시는 것을 같이 마시고 그래야지. 왜냐하면 방랑기사의 기사도라고 하는 건 사랑의 도리와 같아서 모든 일이나 사람을 동등하게 생각하기 때문이지."

　세르반테스는 오비디우스의 《변신 이야기》에 나오는 황금시대를 기사도가 지향하는 가장 이상적인 세상, 가장 정의로운 사회로 묘사한다. "이 시대는 정의라는 것이 글자 그대로 정확하게 지켜져 지금 흔한 난장판처럼 배경이니 잇속이니 하는 것들이 공정성을 흐리고 못되게 하는 짓들을 감히 하지 못했지." 세르반테스에게는 인문학의 궁극적인 목표도 결국 정의의 실현에 있다. 특히 분배의 정의가 제대로 이루어지도록 좋은 법을 만들고 실천하는 것이 인문학의 지상과제라고 말한다.

남의 자유를 존중하는 것 ——

세르반테스가 말하는 또 다른 정의의 기준은 남의 자유를 침해하지 않고 존중하는 것이다. 방랑기사 돈키호테가 산초 판사와 함께 일정한 모험을 수행한 이 후부터 소설은 주로 제3자들이 등장해서 그들의 경험담을 풀어놓는 형태로 진행된다.

　《돈키호테》라는 소설 속에는 수없이 많은 단편소설이 들어앉아 있다. 책의 분량이 방대한 것은 그 때문이다. 자신을 사모하다가 죽은 그리소스토모를 변호하는 친구에게 마르셀라는 이렇게 말한다. "여러분도 잘 아시다시피 저는 재산도 있고 남의 재산을 탐하지도 않습니다. 저는 자유로운 신분이라서 무엇에 얽매이는 것을 좋아하지 않고, 누구를 좋아하지도 싫어하지도 않습니다. 이 사람을 속이고 저 사람을 사랑하지도 않고 어떤 사람을 놀리고 다른 사람과 놀아나지도 않습니다. 저의 양떼를 돌보면서 이 동네 아가씨들과 정다운 이야기를 나누는 것이 저의 취미입니다. 그리소스토모가 죽은 것은 제 탓이 아닙니다." 마르셀라는 이 말을 남기고 홀연히 산속으로 자취를 감춘다.

돈키호테는 마르셀라의 말이 지극히 옳으며, 따라서 어느 누구도 그녀를 따라가서 괴롭혀서는 안 된다고 말한다. 상대방의 자유를 존중해주는 것, 그것이 정의에 부합한다는 것이다.

고난의 길 ──

정의를 위해 나선 방랑기사 돈키호테에게는 무수히 많은 고난의 길이 기다리고 있다. 더러 싸움에서 이기기도 하지만 대부분의 경우 그는 처참하게 패한다. 몽둥이찜질을 당해 갈비뼈가 부러지고, 얼굴이 피투성이가 되도록 두들겨 맞고, 정신을 잃고 혼절하는 경우도 다반사다.

그렇다고 돈키호테는 결코 포기하지 않는다. 노력하는 자만이 성공할 수 있고, 영광을 누릴 수 있는 자격이 있다는 것이 돈키호테의 믿음이다. 상심해 있는 산초에게 돈키호테는 다음과 같이 말한다. "산초, 자네가 알아야 할 것은, 사람이란 다른 사람보다 더 노력하지 않으면 다른 사람보다 뛰어난 사람이 될 수 없다는 것이네. 우리에게 일어난 이 모든 폭풍우 또한 곧 날씨가 잠잠해지고 일들이 잘 풀릴 거라는 징후이기도 한 걸세. 행운도 불운도 마냥 오래 갈 수는 없어. 재난이 오래 간다는 것은 행운이 벌써 가까이 왔다는 말일세. 그러니 나한테 일어난 일로 고민하지 말게. 나는 아무 상관없다네."

자신의 주제를 아는 것 ——

돈키호테는 자신의 주제를 잘 알고 있다. 비록 광기에 사로잡혀 미치광이 기사 노릇을 하고 있지만 쓸데없는 허위의식으로 자신을 포장하지는 않는다.

돈키호테는 자기 인식이 명확한 인간이다. 형편없는 몰골을 하고 있는 자신을 가리켜 그는 '불쌍한 몰골의 기사'라고 스스로를 규정한다. 산초 판사의 쓴소리도 겸허하게 받아들인다.

산초 판사는 사람들이 자신을 잘 알아볼 수 있게 방패에 자신을 그려 넣어달라는 돈키호테의 명령에 대해 이렇게 말한다. "뭐 하러 그런 그림을 그리느라 시간과 돈을 낭비하나요? 나리는 그 얼굴 그대로 밀고 나가면 사람들이 바로 '불쌍한 몰골의 기사'라고 말할 거구만요." 돈키호테는 산초의 구수한 언변에 호탕하게 웃음을 터뜨린다.

이상향 둘시네아 ——

둘시네아는 돈키호테가 사랑하는 여인의 이름이다. 그녀는 세상에서 가장 아름답고, 고귀한 여인이다. 그녀는 모든 면에서 완벽하다. 돈키호테는 방랑기사로서의 모든 명예와 영광을 둘시네아에게 돌린다. 둘시네아가 상징하는 것은 자유롭고 정의가 넘치는 이상향이다.

그녀는 소설 속에서 단 한 번도 돈키호테 앞에 모습을 드러내지 않는다. 마법에 걸려 못생긴 시골 아가씨로 몇 차례 등장하지만 돈키호테가 오매불망 기다리고 고대하는 아름다운 모습으로는 결코 나타나는 법이 없다. 'no where'라는 유토피아의 의미처럼 둘시네아는 현실세계에서 절대로 구현되지 않는다.

아픔을 함께하는 것 ——

아픈 사람에게는 누가 옆에서 같이 있어주는 것만으로도 힘이 된다. 돈키호테는 아픔을 함께 하는 것도 방랑기사의 책무라고 말한다.

산중에서 만난 기사의 딱한 사연을 듣고 돈키호테는 이렇게 말한다. "그대의 불행이 그 어떤 위안과 위로의 가능성도 허용하지 않을 정도로 꽉꽉 막혀 있는 것이라면 그대의 아픔을 함께 울어주고 가능한 대로 슬픔을 같이 하는 것이 도와주는 길이라고 생각합니다. 불행한 처지일 때는 같이 아파해줄 사람이 있는 것도 위안이 되거든요."

카르데니오라는 숲속의 기사가 겪은 기구한 인생사는 소설에서 상당한 분량을 차지한다. 그의 애인으로 등장하는 루스신다, 카르데니오의 친구이자 연적인 페르난도, 페르난도로부터 버림받은 도로테아 사이에 펼쳐지는 이야기는 그 자체로 하나의 훌륭한 소설이다. 《아라비안나이트》를 연상시키는 이야기의 구조가 흥미롭다. 돈키호테는 이들의 사연을 들어주고, 함께 아픔을 나눈다. 이야기는 해피 앤딩으로 마무리되어 이들 커플은 서로 부부의 연을 맺는다.

카르데니오와 페르난도, 루스신다, 그리고 도로테아는 라만차 지방의 신부, 이발사 등과 함께 기발한 연기로 돈키호테의 광기를 다스리고 그를 집으로 귀향하게 만든다. 이것으로 《돈키호테》1권은 마무리된다.

새로운 모험 ——

《돈키호테》2권은 1권의 후속편이다. 비슷한 짜임새라 굳이 출간하지 않아도 되었지만 시중에 나도는 위작과 모작들에 철퇴를 가하기 위해 출간을 결심한 측면이 강하다. 이러한 고민의 흔적은 2권 곳곳에서 발견된다.

1권에서 돈키호테는 신부와 이발사의 지략으로 귀향한다. 그러나 그의 방랑벽은 곧 도진다. 조카와 가정부가 말려보지만 소용이 없다. 돈키호테의 방랑벽을 고칠 수 있는 사람은 하나님밖에 없다. 산손 카르라스코라는 학사가 기사를 위장해서 돈키호테를 막으려 하지만 오히려 결투에서 지고 만다. 이제 그를 막을 사람은 아무도 없다. 드디어 돈키호테는 새로운 모험에 나선다. 산초도 마누라가 분수에 맞게 살라며 길을 막지만 백작으로 만들어준다는 돈키호테의 약속을 믿고 또다시 따라나선다.

2권에서도 '자유와 정의에 관한 유쾌한 페이소스'라는 작품의 중심 메시지는 그대로 이어진다. 방랑기사가 갖추어야 할 덕목 가운데 가장 중요한 것으로 돈키호테는 분배의 정의를 꼽는다.

위작과 모작 ——

2권에서 세르반테스는 산초의 입을 빌어 그 당시 이미 자신의 소설이 시중에 꽤 회자되고 있다고 밝힌다. "소인이 어떤 모임에 갔더니 나리의 이야기가 이미 책으로 나돌고 있더군요. 책 제목이 《기발한 시골 양반 라만차의 돈키호테》라고 하더군요. 그 책에는 소인도 산초 판사라는 이름 그대로 언급되어 있고, 둘시네아 아가씨도 나온다고 하네요."

그러면서 세르반테스는 1권에 대한 자기검열을 시도한다. 이야기 구조가 조금 어색한 부분, 전후관계가 모호한 부분을 골라서 별도의 해석을 붙인다. 아울러 소설이 호평을 받음에 따라 위작과 모작도 상당수 등장했다는 사실을 여러 차례 언급하면서 개탄스러워한다. 위작을 따돌리기 위해 소설의 구성을 스스로 바꿨다는 사실도 언급한다. 원래 사라고사로 가려고 했던 계획을 접고 돈키호테와 산초 판사는 바르셀로나로 발길을 돌린다.

사자의 기사 ——

2권은 소설의 구성과 뼈대에서는 1권과 같지만 그 분위기는 사뭇 다르다. 1권에서 돈키호테는 무모한 도전으로 번번이 실패하고 좌절하는 '불쌍한 몰골의 기사'로 그려지지만 2권에서는 어엿한 정식 기사로 그려진다.

황제에게 진상하기 위해 싣고 가던 사자에게 결투를 신청해 승리를 거둔 후부터는 이름도 '사자의 기사'라고 바꾼다. 카마초라고 하는 부자의 결혼식장에 들렀다가 그의 명성을 아는 사람들로부터 환호를 받고, 포식을 하는 것도 1권과는 전혀 분위기가 다르다. 특히 어느 공작 부부는 돈키호테를 그의 영지로 초대해 융숭하게 대접한다. 2권의 이야기는 이들 부부가 중심축이 되어 전개된다.

세르반테스는 황금의 유혹에 넘어가 자신을 버리고 카마초와 결혼식을 올리는 애인을 기발한 자살극으로 다시 찾아가는 바실리오라는 청년을 통해 분배의 정의에 관한 메시지를 다시 한 번 극명하게 드러낸다. "카마초는 부자이고 원하면 원하는 대로 언제든지 자기가 좋아하는 걸 살 수 있을 거요. 바실리오는 이 양 한 마리밖에 없소. 누군가가 아무리 강력하다 해도 그 양을 그에게서 빼앗아 가면 안 되오. 하나님이 합쳐준 두 사람을 갈라놓을 사람은 아무도 없소."

그리고 세르반테스는 뚱보와 홀쭉이의 달리기 시합을 예로 들면서 공정함으로서의 정의를 다시 한 번 논한다. 뚱보가 자신과 몸무게를 맞추기 위해 홀쭉이에게 무거운 쇠뭉치를 들고 뛰라고 요구하는 것은 정의에 부합하지 않는다는 것이 세르반테스의 주장이다. 그렇다고 세르반테스의 정의관이 막연한 이상주의에 머무는 것은 아니다. 가난뱅이는 명예와 행복이 손가락 사이로 새나가는 것을 막기가 어렵다. 따라서 부지런히 노동해서 재산을 일구는 것이 자신의 명예와 행복을 지키는 지름길이라고 강조한다.

섬의 통치자 산초 판사 ──

2권의 이색적인 장면 가운데 두드러지는 것은 산초 판사의 활약상이다. 산초 판사는 돈키호테의 요청과 공작의 배려로 어느 섬의 총독이 된다. 자유를 속박당하는 것이 싫어서 10일 만에 자리를 박차고 나오지만 재임 기간 동안 산초 판사는 뛰어난 판단력으로 훌륭한 업적을 남긴다.

돈키호테는 산초 판사가 혹여 실수나 하지 않을까 여러 가지 조언을 하지만 그의 우려와는 달리 산초 판사는 솔로몬과 같은 지혜로 마을의 분쟁을 말끔하게 해결하고 주민들의 칭송을 받는다. 특히 새로 나온 개암과 오래되고 썩은 개암을 섞어서 파는 상인과 포도주의 원산지를 속이고 물을 섞어서 파는 악덕 상인을 적발해서 국외로 추방하고 시장 질서를 바로 잡는다는 내용은 소설의 중심 메시지와도 잘 맞아 떨어진다.

세르반테스는 자리를 내놓은 후 빵 한 조각만 달랑 가지고 섬을 벗어나는 산초 판사의 모습을 통해 권력자들의 도덕성과 노블레스 오블리주라는 또 다른 소설의 메시지를 던진다.

자유의 가치 ——

돈키호테는 총독 자리를 던지고 나온 산초 판사에게 이렇게 말한다. 자유의 가치와 소중함을 일깨우는 대목이다. "자유란, 산초, 하늘이 인간에게 준 가장 아름답고 소중한 선물들 중 하나이지. 온 땅이 보유한, 온 바다가 품고 있는 모든 보물과도 견줄 수 없는 게 자유일세. 자유나 명예를 위한 일이라면 목숨을 걸고 도전해야 하고 또 도전할 만한 가치가 있을 거야. 하늘 아래 속박된 삶보다 불행한 것은 없다네."

사람은 각자가 각자의 주인이다. 돈키호테는 돈키호테의 주인이고, 산초 판사는 산초 판사의 주인이다. 세르반테스에 의하면 사람은 누구나 자기 운명의 창조자다.

작품의 가치 ——

2권의 내용 중에는 흠이 몇 가지 발견된다. 그중 대표적인 것은 이상향으로 설정된 둘시네아의 마법을 풀기 위해 산초가 3300대의 매를 맞기로 한다는 설정이다. 하인의 희생으로 이상향에 도달한다는 이 설정은 매우 어색하고, 작품의 평등주의적 메시지와도 부합하지 않는다.

그리고 특별한 계기도 없이 로께 기나르트라는 산적을 등장시켜 그의 도적질을 공정과 정의라는 관점에서 평하는 돈키호테의 말도 뜬금없는 설정이다.

이런 비평을 미리 예견한 듯 세르반테스는 2권의 출간이 사족임을 스스로도 고백하고 있다. "돈 환 나리, 뭐 하러 이런 이야기를 굳이 또 읽으려 하십니까? 라만차의 돈키호테 이야기 1권을 읽은 사람은 이 2권을 읽으면서는 아무런 재미도 느낄 수가 없습니다."

돈키호테는 산손 카르라스코와의 결투에서 져서 그의 요구대로 방랑기사의 모험을 접고 귀향한다. 고향에 돌아온 돈키호테는 시름 시름 앓다가 죽음을 맞는다. 영혼에서 광기와 페이소스가 빠져나간 돈키호테는 더 이상 돈키호테가 아니다.

병석에 누운 돈키호테는 제정신으로 돌아오고, 자신의 행적이 모두 엉터리고 사기였다고 고백한다. 그리고 몇 가지 유언을 마친 후 죽음을 맞는다. 그의 묘비명이 인상적이다. "미쳐서 살고 정신 들어 죽다."

마무리 설정도 다소 불만족스럽다. 방랑기사로서 자신의 정체성을 부정하는 돈키호테가 아니라 이상향 둘시네아를 그리면서 자신의 광기와 페이소스를 간직한 채 영원한 방랑기사로 죽음을 맞는 돈키호테가 작품의 주제에 더 어울려 보인다.

도스토옙스키의 《카라마조프 가의 형제들》 ——

도스토옙스키의 《카라마조프 가의 형제들》은 인문학의 바이블이다. 사랑과 행복, 선과 악, 내세와 구원 등 인문학의 모든 주제가 이 한 권의 책에 다 들어 있다.

그렇다고 이 책이 따분한 교과서 수준에 머무는 것은 결코 아니다. 소설적 요소도 매우 탄탄하다. 한글 번역판 기준으로 1600쪽에

이를 정도로 분량이 방대하지만 한달음에 읽을 수 있는 것은 추리 소설 같은 작품의 구성적 힘 때문이다.

형이상학의 영역에 속하는 무거운 주제들을 다루고 있지만 그것이 가독성을 떨어뜨리지는 않는다. 사상, 종교, 철학적 영역의 주제들이 유산 다툼, 삼각관계, 적자와 서자의 심리적 갈등, 살인과 은폐, 진범의 자살, 검찰과 변호인의 불꽃 튀기는 법정공방 등 독자들의 호기심을 자극할 수 있는 통속적 스토리 속에 자연스럽게 녹아있기 때문에 독자로서는 읽는 내내 지루함을 느낄 틈이 없다.

카라마조프가의 세 형제—드미트리, 이반, 알렉세이—가 공간적으로는 러시아와 유럽, 미국, 시간적으로는 과거와 현재, 미래를 상징하는 메타포로 설정된 측면이 있어 스토리에 대한 몰입을 흩트리기도 하지만 크게 티가 나지는 않는다.

사람은 무엇으로 구원받는가? ——

도스토옙스키가 소설에서 궁극적으로 말하는 주제는 구원의 문제다. 소설 자체가 성경의 해설서라고 해도 과언이 아닐 정도로 작품의 구석구석에 성경 구절이 인용되고 있는데 이는 도스토옙스키 자신의 체험의 산물이다.

도스토옙스키는 어느 모임에서 진보적 성향의 작가였던 벨린스키의 편지를 낭독했다는 이유로 당국에 의해 사형을 언도받는다. 하지만 사형이 집행되기 직전 황제 니콜라이 1세의 칙령에 의해 사형 집행이 중지되고 강제 노동형으로 감형된다. 4년간의 유형지 생활 동안 그가 읽을 수 있었던 유일한 책은 성경이었다. 작품에서 구원의 메시지는 주로 조시마 장로의 입을 통해 선포된다.

믿음으로 구원에 이르지만 구원의 확신은 이웃에 대한 헌신적 사랑을 통해 이루어진다는 것이 도스토옙스키의 결론이다. "사랑을 실천에 옮김으로써 그렇게 할 수 있습니다. 부인 가까이에 있는 사람들을 실천적으로, 끊임없이 사랑하도록 노력하십시오. 사랑을 할 수 있게 됨에 따라 하느님의 존재도, 영혼의 불멸도 확신할 수 있게 될 겁니다."

도스토옙스키에 의하면 그러한 정신적인 상태에 도달하는 것이 곧 행복이다. 실천적 사랑은 쉽지 않다. 그것은 몽상적 사랑과는 다른 차원의 것이다. 따라서 구원에 이르는 것도 쉽지 않다. 엄중한 자기 결단과 희생이 요구된다. 구원을 방해하는 것은 인간의 옹졸함과 심리적 두려움, 단기적 성과에 매몰되는 나약한 인간성과 같은 것들이다. "실천적 사랑은 잔혹하고 무서운 것입니다. 몽상적인 사랑은 어서 빨리 만족할 만한 위업을 달성하여 모든 사람들이 자기를 우러러봐 주길 갈망합니다. 하지만 실천적인 사랑, 그것은 노동이며 인내이며, 어떤 이들에게는 말하자면 완전히 학문이나 다를 바 없습니다."

순간순간 두려운 마음, 의구심이 들지만 그걸 극복하고 꾸준히 실천적 사랑을 행하다보면 결국 목표에 도달하게 되고, 거기에서 구원의 기적을 발견할 수 있다는 것이 도스토옙스키의 생각이다.

친부살해, 러시아적 광기의 서사 ──

정치학적으로 친부살해는 혁명의 메타포다. 프랑스 대혁명은 민중의 아버지인 루이16세의 목을 자르면서 완성되었다. 친부살해는 구체제를 완전히 갈아엎는 정치변혁이다. 4.19 뒤에 곧 바로 5.16이라는 군부 쿠데타가 이어진 것은 이승만이라는 친부의 목을 자르지 못했기 때문이라는 정치심리학적 분석도 같은 맥락이다.

소설의 시대적 배경이 되는 19세기 중엽의 러시아도 변혁의 대상이었다. 진보적 지식인들은 사회주의 혹은 무정부주의적 혁명을 꿈꾸었고, 도스토옙스키도 혁명을 새로운 러시아를 이루는 대안들 가운데 하나로 생각했다.

도스토옙스키는《카라마조프 가의 형제들》의 2부를 구상했었다. 2부에서 도스토옙스키는 막내인 알렉세이 표도르비치를 사회주의 혁명가로 변신시킬 계획을 갖고 있었던 것으로 전해진다. 그러나 그 구상은 1881년 도스토옙스키가 폐동맥 파열로 급작스런 죽음을 맞으면서 하나의 계획으로 끝났다.

우리가 실제로 읽는《카라마조프 가의 형제들》속에는 혁명에 대한 전략적 탐색이나 행동의 흔적이 전혀 없다. 주요 인물의 대화 도중에 단편적으로 그 방법이 언급되는 정도다. 그러나 메타포로서 혁명의 메시지는 소설 속에서 뚜렷하게 드러난다. 표도르 파블로비치 카라마조프가 자식에 의해 살해된다는 소설의 설정 자체가 급진적 변혁을 희구하는 러시아 민중의 심리적 욕망이 반영된 알레고리다.

그루센카라는 미모의 여인을 사이에 두고 아버지와 삼각관계에 있던 드미트리는 어느 날 극도의 질투심에 사로잡혀 우발적으로 아버지의 집에 침입했다가 하인 그레고리의 머리를 놋쇠공이로 내리쳐 큰 상처를 입힌다. 그러나 아버지를 살해하지는 않았다. 진범은 표도르 파블로비치의 사생아로 추정되는 스메르차코프였지만 그는 교묘하게 알리바이를 조작해서 드미트리에게 살인죄를 뒤집어씌운다. 드미트리는 범행을 극구 부인하지만 여러 가지 정황이 불리하게 작용하여 꼼짝없이 살인범으로 몰리게 된다.

그 후 스메르차코프는 이반 표도르비치에게 범행을 털어놓은 후 자살한다. 그러나 유서에서도 끝내 진실을 밝히지는 않는다. 서자로서 카라마조프 가의 형제들에게서 받은 설움 때문에 죽으면서까지 그들을 저주한 것이다. 이반 표도르비치가 재판 과정에서 이 사실을 증언하지만 도리어 정신이상자로 취급되어 법정에서 끌려 나가고 드미트리는 아버지를 죽인 패륜아로 단죄되어 유배지로 보내진다.

드미트리는 러시아 민중의 메타포다. 드미트리는 배운 것도 크게 없고, 성격이 즉흥적이고 광포하며, 방탕한 생활을 즐긴다. 하루 저녁에 1500루블의 돈을 유흥비로 탕진하기도 한다. 아버지와 유산 다툼을 벌이고, 형제들이 보는 앞에서 아버지를 두들겨 패고, 아버지가 눈독을 들이고 있는 여자를 가로채려는 한마디로 호로 자식이다. 그러나 누구보다도 순수하고 맑은 영혼을 가졌으며, 명예를 존중하고, 거짓말을 할 줄 모르는 정직한 성품의 소유자다. '아버지를 죽여 버리겠다'고 온 사방 천지에 떠들고 다니지만 실제로 행동에 옮기지는 않는다.

　가난의 굴레를 벗어나지 못해 차르를 원수처럼 여기지만 다른 한편으로는 존경하는 나라님으로 떠받드는 러시아 민중의 광기와 순수함을 상징하는 인물이 드미트리다.

좌표를 잃은 자유주의자 ——

둘째인 이반 표도르비치는 박식한 무신론자다. 이반은 삼형제 중 가장 똑똑하고 글재주가 비상한 자유주의자다. 그러나 그는 좌표를 잃고 방황하는 유럽적 지식인의 전형이다. 그는 불멸을 믿지 않는다. 따라서 선행이란 것도 없다. 절대적인 미적 가치, 도덕적 기준이란 존재하지 않으며 따라서 그에게는 모든 것이 허용된다. 스메르차코프에게 은연중에 살인의 정당성을 설파한 것도 이반이다. 아버지와 같은 난봉꾼은 사회의 악이며, 그를 없애는 것은 윤리적으로, 종교적으로 마땅히 허용되는 일 가운데 하나라는 것이 그의 지론이다.

　스메르차코프는 자살을 하기 직전 이반에게 범행 사실을 털어놓으면서 자신이 이반의 사상적 영향을 크게 받았으며, 그것이 살인의 동기로 작용했다는 점을 분명히 밝힌다. '당신이 결국 살인의 주범이고 나는 당신의 명을 실행한 하수인에 지나지 않았다'고 스메르차코프는 이반을 심리적으로 압박한다. 이반은 부르르 떨면서 스메르차코프의 말을 부인하지만 마음은 크게 흔들린다.

　결국 이반은 자신이 스메르차코프에게 무의식적으로 살인을 교

사했다는 죄책감에 시달리다가 정신분열적 환각 증세를 보이기도
한다. 법정에서 그의 진술이 증거로 채택되지 않은 것도 그 때문이
다. 도스토옙스키에게 죄란 비단 행위로만 드러나는 것이 아니고
심리적 현상으로까지 확장된다.

　마음으로 간음한 자도 간음한 것이라는 예수의 가르침을 도덕적
기준으로 받아들이고 있는 것이다. 도스토옙스키는 소설의 말미에
서 이반이 섬망증에 시달리다가 일찍 죽음을 맞는 것으로 처리한
다. 이반의 유죄를 인정한 셈이다.

예수를 쫓아낸 대심문관 ──

대심문관은 《카라마조프 가의 형제들》에서 가장 많이 회자되는 대
목이다. 이반이 쓴 습작 형태의 서사시로 제시되지만 도스토옙스키
본인의 종교관이 압축되어 있다.

　무대는 스페인의 세비야, 종교재판이 가장 무섭게 진행되던 시
기다. 실제로 스페인에서는 수천 명의 이교도를 화형시킬 정도로
가톨릭의 교조주의적 심판이 횡행했다. 한때 이슬람에 정복된 적이
있었기 때문에 스페인의 종교 갈등은 유럽 국가들 가운데 가장 심
했다. 가톨릭의 이러한 파쇼적 전통은 20세기 프랑코 체제로까지
이어진다. 내전과 게르니카의 대학살과 같은 사건들은 이러한 토양
에서 비롯되었다.

　대심문관인 추기경에 의해 100명에 가까운 이교도가 화형당한
다음 날 화형장에 예수가 나타난다. 민중은 눈물을 흘리면서 소리

높여 호산나를 외친다. 대심문관은 근위대에게 그를 체포하라고 명령한다. 추기경의 말은 거역할 수 없는 하나님의 명령이다. 예수는 감옥에 갇힌다.

아흔이 넘은 대심문관은 손에 횃불을 들고 예수를 찾아온다. 그러고 준엄하게 꾸짖는다. '너는 무엇 하러 이곳에 왔느냐? 왜 너는 우리를 방해하느냐? 내일 나는 너를 극악한 이단자로 화형에 처할 것이다. 너에게 입을 맞춘 저 민중들은 내가 손만 까딱해도 너를 태울 장작불에 석탄을 집어넣으려고 앞을 다투어 달려들 것이다. 모든 것이 너에 의해서 교황에게 전달되었고, 따라서 지금은 모든 것이 교황의 손에 달려 있으니, 너는 이제 아예 올 생각도 하지 말 것이며, 최소한 특정한 시간이 될 때까지는 방해하지 말라. 우리는 너의 이름으로 1500년의 세월 동안 너의 과업을 완수했다. 너는 더이상 우리에게 뭔가를 고할 권리가 없다. 그것은 우리의 자유다. 네가 지상에 있을 때 그토록 옹호했던 자유를 우리에게서 빼앗을 권리를 너는 더 이상 갖고 있지 않다.'

예수는 광야의 시험에서 돌멩이를 빵으로 만드는 기적을 연출하라는 악마의 요구를 거부했다. '사람은 빵으로만 살 수 없다'는 것이 예수의 대답이었다. 그러나 인류의 역사가 증명해주건데 민중에게 먼저 필요한 것은 빵이다.

빵과 자유는 결코 양립할 수 없는 딜레마다. '그때 왜 당신이 돌멩이를 빵으로 만들지 않았느냐?'고 대심문관은 예수를 힐난한다. 그리고 누구를 숭배할 것이냐고 악마가 물었을 때 예수는 하나님이

라고 답한다. 그러나 인류는 자신의 하나님에 대한 믿음을 강요하
면서 끊임없는 전쟁과 살육, 공포를 되풀이하고 있다.

대심문관은 말한다. '우리는 하나님과 손을 잡는 대신 악마와 손
을 잡고 있다. 그것이 우리의 비밀이다.' 인류는 자유가 아니라 기
적과 신비, 권위에 의존해서 시스템을 유지하고 있다. 대심문관의
격정적인 설교를 들은 후 예수는 슬그머니 자취를 감춘다. 도스토
옙스키는 종교적 신비주의자가 아니라 리얼리스트다.

구원의 빛 ——

막내인 알렉세이는 순진무구한 영혼의 소유자다. 조시마 장로 곁에
서 수도승으로 있는 알렉세이는 아버지와 형들 모두로부터 사랑받
는 유일한 카라마조프다. 도스토옙스키는 알렉세이를 통해 구원의
빛을 제시한다.

흔히 도스토옙스키의 단점으로 지적되는 교조주의적 성향은 알
렉세이의 행동으로 잘 드러난다. 알렉세이는 드미트리의 재판이 끝
난 후 일류샤라는 소년의 장례식에 참석해서 일류샤의 급우들과 함
께 양심적이고 헌신적인 삶을 살아갈 것을 맹세한다.

일류샤는 자신의 아버지가 알렉세이의 형 드미트리에게서 수염
을 잡히는 모욕을 당한 후 정의감과 복수심에 불타 길을 가던 알렉
세이에게 테러를 가한다. 그러나 알렉세이가 진심으로 형을 대신해
사과함으로써 둘은 가까운 사이가 된다.

폐질환으로 어린 나이에 죽음을 맞는 일류샤는 러시아 민중의

좌절을 상징한다. 그러나 희망이 사라진 것은 아니다. 도스토옙스키는 알렉세이를 통해 민중의 부활이라는 메시지를 전한다.

알렉세이는 일류샤에 대한 조사弔辭에서 이렇게 말한다. 소설의 끝 지점이다. "일류샤가 아버지를 위해 혼자서 용감하게 분연히 떨쳐 일어섰음을 기억합시다. 그를 기억하면서 우리는 선량하게, 성실하게 살아갑시다. 관대하고 용감한 사람이 됩시다. 죽은 일류샤를 영원히 잊지 맙시다."

고전(번역본) 참고 목록

《우신예찬》, 에라스무스, 김남우, 열린책들, 2011.
《유토피아》, 토머스 모어, 정순미, 풀빛, 2006.
《돈 끼호떼》, 미겔 데 세르반떼스, 민용태, 창비, 2012.
《아라비안나이트》, 리처드 F. 버턴, 김하경, 시대의창, 2009.
《그리스인 조르바》, 니코스 카잔차키스, 이윤기, 열린책들, 2000.
《안나 카레니나》, 톨스토이, 연진희, 민음사, 2009.
《우주에서 인간의 지위》, 막스 셸러, 진교훈, 아카넷, 2001.
《방법서설》, 르네 데카르트, 이현복, 문예출판사, 1997.
《플루타르크 영웅전》, 플루타르코스, 홍사중, 동서문화사, 2007.
《로마인 이야기》, 시오노 나나미, 김석희, 한길사, 2007.
《길 위에서》, 잭 케루악, 이만식, 민음사, 2009.
《변신 이야기》, 오비디우스, 이윤기, 민음사, 1998.
《군주론》, 니콜로 마키아벨리, 황문수, 동서문화사, 2007.
《풀잎은 노래한다》, 도리스 레싱, 이태동, 민음사, 2008.
《모든 것이 산산이 부서지다》, 치누아 아체베, 조규형, 민음사, 2008.
《미겔 스트리트》, V. S. 나이폴, 이상옥, 민음사, 2003.
《염소의 축제》, 마리오 바르가스 요사, 손병선, 문학동네, 2010.
《카탈로니아 찬가》, 조지 오웰, 정영목, 민음사, 2012.
《누구를 위하여 좋은 울리나》, 어니스트 헤밍웨이, 김욱동, 민음사, 2012.
《파스쿠알 두아르테 가족》, 카밀로 호세 셀라, 정동섭, 민음사, 2009.
《위대한 유산》, 찰스 디킨스, 이인규, 민음사, 2009.
《카라마조프 가의 형제들》, 도스토예프스키, 김연경, 민음사, 2012.